MUTUALIDAD
por
DISEÑO

Un mejor modelo del matrimonio Cristiano

Editora general
Elizabeth Beyer

Editora colaboradora
Lynne Nelson

CBE
INTERNATIONAL

CBE International
www.cbeinternational.org

Mutualidad por Diseño: Un mejor modelo del matrimonio Cristiano
Derechos de autor CBE International © 2024

Mutual by Design: A Better Model for Christian Marriage
Copyright CBE International © 2017

Publicado por CBE International
122 W Franklin Ave, Suite 610
Minneapolis, MN 55404
www.cbeinternational.org

A menos que se indique lo contrario, las citas bíblicas contenidas en este libro son tomadas de la Nueva Versión Internacional (NVI). Todas las citas de la versión inglesa están tomadas de la Santa Biblia THE HOLY BIBLE, NEW INTERNATIONAL VERSION®, NIV® Copyright © 1973, 1978, 1984, 2011 por Biblica, Inc.™ Utilizada con permiso. Todos los derechos reservados en todo el mundo.

ISBN: 978-1-939971-13-5 (Impresa)
ISBN: 978-0-9778909-2-7 (libro electrónico)

Diseño de la cubierta: Margaret Lawrence

Impreso en los Estado Unidos de América

Contenido

Prefacio

Pero al principio de la creación Dios "los creó hombre
y mujer". "Por eso dejará el hombre a su padre y a
su madre, se unirá a su mujer y los dos llegarán a ser
uno solo". Así que ya no son dos, sino uno solo.
(Mc 10:6-8, NVI)

El matrimonio. Una unión que ha existido desde hace miles de años. ¿Qué más puede decirse sobre ella que no haya sido dicho ya? Se han escrito numerosos libros sobre el matrimonio cristiano, pero la mayoría da por hecho que la Biblia sitúa al hombre en un papel de superioridad, mientras que a la mujer se le otorga un papel de sometimiento y sumisión. Sin embargo, existe una mejor manera. Y no solo es más saludable para las familias; también es mucho más fiel a lo establecido por la Biblia. La Biblia proyecta una visión del matrimonio en la que hombres y mujeres comparten las tareas de liderazgo y servicio como iguales. Este libro explora esa visión.

Mutualidad por diseño se divide en tres secciones. La primera, "En el principio", brinda una base bíblica para la mutualidad en el matrimonio. La segunda, "Tuercas y tornillos", aborda los pilares fundamentales para desarrollar un matrimonio fuerte, y toca puntos como: cómo la amistad y la intimidad pueden construirse, elementos clave para una buena comunicación, la diferencia entre perdón y reconciliación, y cómo construir una base financieramente estable. La sección final, "¿Qué pasa con...?", examina tres áreas que han sido temas complicados dentro de la Iglesia: la autoridad, el abuso doméstico, y el divorcio. El contenido abordado en estas tres secciones se presenta en este libro con la esperanza de que aporte claridad sobre cuestiones que han provocado confusión desde hace tiempo.

Este libro se dirige a quienes piensan en contraer matrimonio, a los comprometidos, a los recién casados y a cualquier pareja que, en general, busque un crecimiento positivo para su relación. El libro puede servir para orientar a parejas individuales o a grupos de parejas. Los capítulos incluyen preguntas para debatir, ejercicios y sugerencias de lecturas complementarias.

Nuestro agradecimiento a todas aquellas personas que han apoyado fielmente a CBE International en la elaboración de este libro mediante ayuda económica, consultas y oraciones. Un agradecimiento especial a Lynne Nelson, quien ha ofrecido generosamente su experiencia y tiempo en las primeras fases de este proyecto.

Elizabeth Beyer, Minneapolis.
Octubre de 2017

GÉNESIS

Un buen lugar

para empezar

–1–

Comencemos desde el principio

El hombre y la mujer a imagen de Dios

Manfred T. Brauch

En el clásico musical *La novicia rebelde (The Sound of Music)*, la protagonista, María, es una institutriz que cuida de siete niños. Su principal prioridad es enseñar a los niños a cantar, así que inventa una canción para ayudarles. Tanto si conoce el musical como si no, probablemente haya oído la canción, llamada "Do-Re-Mi".

La canción empieza así: "Comencemos desde el principio. Un buen lugar para empezar". El resto de la canción se dedica precisamente a eso, a enseñar las bases del canto de las notas. La estrategia de María es buena: empezar por las nociones básicas. Ella sabe que, si los niños las dominan, podrán llegar a liberar su potencial musical.

Lo mismo sucede con el matrimonio. Cuando dos personas comprenden y abrazan los fundamentos de éste, pueden descubrir una relación de gran potencial. Lamentablemente, con demasiada frecuencia los cristianos malinterpretan el diseño de Dios para el matrimonio. Y, como resultado, vemos abusos y divorcios generalizados, insatisfacción y discordia.[1] Sin embargo, podemos mejorar. Podemos descubrir el patrón que Dios creó para que las personas casadas disfruten de una vida plena juntas.

Al igual que un niño o una niña al aprender a cantar, para aprender el diseño de Dios sobre el matrimonio tenemos que comenzar por el principio: la creación.

Probablemente le resulte bastante familiar el relato de la creación que encontramos en los primeros capítulos del Génesis. En seis días, Dios hizo la creación a partir de la nada. La luz de la oscuridad; el agua y la tierra; el día y la noche; el sol, la luna y las estrellas; las plantas, los peces y las aves. En el sexto día, tras llenar la tierra de animales, Dios moldeó a su creación más preciada: la humanidad.

«Y Dios creó al ser humano a su imagen;
lo creó a imagen de Dios;
hombre y mujer los creó.». (Gén. 1:27, NVI)

En el clímax de la creación, la humanidad (y también la relación hombre-mujer) entra en escena. A medida en que la fe bíblica sobre la obra creadora de Dios se despliega en los tres primeros capítulos del Génesis, nos damos cuenta de su diseño para las relaciones humanas y para el matrimonio, y somos testigos de cómo el pecado pervierte trágicamente ese diseño.

En los primeros capítulos del Génesis, hay quienes afirman que han encontrado los inicios del patriarcado, es decir, una forma de vivir en la que los hombres tienen poder y autoridad absolutos sobre las mujeres. Seguro que está familiarizado con los puntos básicos de esta interpretación de la historia: Dios hizo a Adán a su imagen, para que lo representara en la tierra, gobernara sobre ella y cumpliera con su voluntad. Pero ¿qué pasa con Eva? Después de todo, ella fue creada en segundo lugar. Adán era el ser humano original, y luego Dios añadió a Eva como "ayudante" de Adán. Lo que confirmaba (según algunas interpretaciones) que él quería que el hombre dirigiera, mientras que la mujer debía seguirle, ayudarle y sometérsele. Esto parece reforzarse cuando la primera pareja peca y Dios dice a la mujer: "Él (el hombre) te dominará". Tiene mucho sentido, ¿verdad?

El problema con esta interpretación de la humanidad y del matrimonio, es que está basada en un punto de vista erróneo del texto bíblico. En realidad, los tres primeros capítulos del Génesis revelan una historia diferente, en la que el hombre y la mujer son socios igualitarios en todo aspecto. Tanto hombre como mujer han sido hechos a imagen de Dios, y comparten la responsabilidad de gobernar la tierra y cumplir con su voluntad juntos. Eva no fue una ocurrencia tardía a causa de que Adán necesitara una ayudante. Al igual que Dios rescata a su pueblo de la calamidad, la creación de Eva rescata a Adán de la soledad, un lugar devastador para un ser humano hecho a imagen de un Dios relacional. Y la clásica declaración de que Dios ha establecido que los hombres gobernarían sobre las mujeres, fue un trágico resultado del pecado, y no el verdadero designio. Esta es la verdadera historia del Génesis, el fundamento del matrimonio cristiano.

Analicemos a profundidad estos puntos.

El hombre, la mujer y la imagen de Dios

Un colega habló recientemente en una conferencia en Tanzania sobre el género y la Biblia. Durante la conferencia, varios pastores al fondo de la sala argumentaron que las mujeres no pueden ser iguales a los hombres. "El hombre fue creado a imagen de Dios" dijeron, "...pero la mujer fue hecha a partir del hombre. Así que las mujeres llevan la imagen del hombre, no la de Dios". Aunque esta opinión es menos común hoy en día en las Iglesias occidentales que en el resto del mundo, refleja una creencia tradicional eclesiástica. Muchos de los primeros padres de la Iglesia y teólogos medievales enseñaban que, de un modo u otro, las mujeres fueron hechas menos a imagen de Dios que los hombres. Pero ¿por qué importa esto, y qué nos dice realmente el Génesis?

Durante siglos, se ha debatido acerca de lo que significa estar hecho a imagen y semejanza del Creador. Algunos afirman que ello tiene que ver con la autoconciencia espiritual y el pensamiento racional. Otros dicen que implica que estamos diseñados para relacionarnos entre seres humanos. Otros sugieren que Dios nos ha puesto aquí para gobernar la tierra en su nombre. Sea cual sea el significado exacto, está claro que somos únicos en la creación, y que, de diversas maneras, encarnamos el carácter de Dios en la medida en que cuidamos de su creación. Estar hechos a imagen suya, nos confiere la máxima dignidad y valor. Todo lo que hacemos por alguien a imagen de Dios, también lo hacemos para Dios.

Dependiendo de la traducción, el Génesis nos dice que el "hombre", o la "humanidad / el ser humano" han sido hechos a semejanza de Dios. ¿Cuál es la correcta? ¿Son las mujeres portadoras de una imagen secundaria? Para responder a la pregunta, debemos prestar atención a la palabra hebrea que tan a menudo se traduce como "hombre".

En español, Adán es un nombre de pila. Sin embargo, la mayoría no tiene conocimiento de que se trata simplemente de la antigua palabra hebrea *adam*, que puede significar "varón" o "ser humano", al igual que la palabra española "hombre". También se usa en el Génesis como el nombre del primer varón humano. Sin embargo, siempre que en el Génesis se habla de la imagen de Dios, *adam* se refiere ciertamente no solo al individuo a quien llamamos Adán, sino a la humanidad en su totalidad:

Génesis 1:26 dice: "Hagamos al *adam* a imagen y semejanza nuestra; para que *dominen...*" A menudo, *adam* se traduce como "hombre", pero la forma plural "ellos dominen" muestra que la palabra *adam* no se establece como designación al hombre como un sexo, sino como *sustantivo genérico*, haciendo referencia a la *humanidad como un todo*. Por eso las nuevas versiones (BHTI) lo traducen de la siguiente manera: "Hagamos al ser humano a nuestra imagen y semejanza".[2]

Génesis 1:27 lo confirma, éste es el significado del *adam* hebreo en el contexto de la imagen de Dios:

> « Y Dios creó al ser humano a su imagen;
> lo creó a imagen de Dios;
> hombre y mujer los creó.»

La estructura de este pasaje es un ejemplo de "paralelismo poético" en lengua hebrea. La segunda línea repite el contenido esencial de la primera, y la tercera amplía y aclara las dos primeras. El pronombre "le" de la segunda línea remite al sustantivo masculino singular, *adam*, de la primera línea. Pero al igual que en 1:26, el pronombre plural "los" de la tercera línea indica que *adam* se utiliza como sustantivo genérico, designado a la *raza humana*.

Génesis 5:1-2 menciona que Adán fue creado "a semejanza de Dios". Dejando en claro que, aquí, *adam*, como en 1:26–27, se utiliza como sustantivo genérico, ya que a continuación dice: "Los creó varón y hembra, y les echó su bendición; y al tiempo que fueron creados le puso por nombre *adam*" (Gén. 5:2). Varón y hembra juntos aparecen designados como *adam*; ambos igualmente humanos, y hechos a semejanza de Dios.

Es de crucial importancia que la "imagen de Dios" se confiera a los seres humanos conjuntamente en sus formas masculina y femenina en asociación. Es decir, que, en última instancia, solo en el contexto de las relaciones humanas es donde se realiza la "imagen de Dios" como reflejo del carácter y el propósito divinos. Hemos sido creados para relacionarnos.[3]

La relación hombre-mujer está enmarcada por una identidad y una tarea propias del ser humano; compartidas por ambos. Su identidad única resulta de la creación "a imagen y semejanza de Dios". Están diseñados como representantes suyos para ser "imagen", o reflejar y encarnar su carácter y sus propósitos para con toda la creación.[4] Su única tarea es "dominar" sobre el resto del orden creado. Tanto el hombre como la mujer son imagen de Dios. En esta co-humanidad, están llamados a ejercer conjuntamente el dominio y la administración sobre el resto de la creación y dentro de ella.[5] No hay ningún indicio de "ciudadanía de segunda clase" para el género femenino, ni de una "desigualdad funcional" en la que el hombre gobierne y dirija, mientras que la mujer se someta y obedezca.

ORDEN DE LA CREACIÓN

Quizá haya oído decir que, una forma de comprobar que Adán (el varón) está destinado a ser el líder, es porque fue creado primero (según Gén. 2). Eva fue creada en segundo lugar, con el propósito de apoyar a Adán. En la próxima sección, discutiremos lo que significa que Eva sea "ayudante" de Adán. Antes de eso, discutamos brevemente sobre la relación entre Génesis 1 y Génesis 2, así como sobre el orden de la creación.

Algunos intérpretes creen que Génesis 2 expone la secuencia específica de la creación del varón y la mujer, la cual necesita ser "insertada" en la narrativa de Génesis 1:26-27 para ser "explicada" mejor. No obstante, es mucho más probable que mientras que Génesis 1:26-27 expresa el diseño de Dios para la humanidad como un todo bajo el fundamento hombre-mujer, Génesis 2 nos comunique la intención divina para la relación entre ambos en alianza matrimonial.

Entonces, en Génesis 2, ¿Qué significa que Adán haya sido creado primero? ¿Significa que deba tener liderazgo o autoridad sobre Eva? Esta idea de "prioridad cronológica" suele denominarse como "el principio (o incluso la *doctrina*) de primogenitura". *Primogenitura* es un término que explica la práctica común en el antiguo Israel de dar la mayor bendición y herencia al hijo primogénito. La preferencia por lo primero era común en la antigua cultura judía (véanse en el apéndice ejemplos de esta noción en escritos de famosos filósofos judíos y de los primeros sacerdotes de la Iglesia).

Aun con ello, no hay razón suficiente para suponer que Dios haya querido que los hombres estuvieran al mando. En primer lugar, el relato del Génesis nos revela un patrón en el que lo último de una serie es lo más importante. Un padre de la Iglesia llamado Gregorio de Nisa escribió al respecto: "La creación se mueve de lo inferior a lo superior, hasta la forma perfecta, la humanidad".[6] Ciertamente lo encontramos en el Génesis, donde la creación de los seres humanos, el hombre y la mujer a imagen de Dios, supone el clímax de toda la creación.

Esto se confirma por el hecho de que Dios da a los humanos autoridad sobre el resto de la creación. *La raza humana fue lo último que Dios hizo, no lo primero.* ¡Está claro que la intención de Dios no era dar autoridad a las primeras creaciones! Esto no quiere decir que la mujer sea más importante que el hombre, sino que *la humanidad* es el punto culminante de la creación.

En segundo lugar, incluso las palabras de la historia sugieren un equilibrio entre lo masculino y lo femenino. En hebreo, los sustantivos tienen un género gramatical al igual que en español, francés, alemán y muchos otros idiomas. En el Génesis, el hombre (*adam*, masculino) surge de la tierra (*adamah*, femenino, Gén. 2:7). Y la mujer (*ishah*, femenino) surge del hombre (*ish*, masculino. Gén. 2:23). Nos encontramos con un equilibrio similar en 1 Corintios 11:11-12, donde Pablo afirma que "así como la mujer al principio fue formada del varón, así también ahora el varón nace de la mujer".

Por último, debemos recordar que, si bien la preferencia por el primogénito puede haber sido una norma en la cultura del antiguo Israel, ¡Es algo que Dios rechaza! En repetidas ocasiones, Dios hace a un lado la priorización cultural por el "primero" para hacer cumplir su propósito: Isaac fue elegido sobre Ismael, Jacob sobre Esaú, David sobre Saúl. Las palabras de Jesús de que "los últimos en este mundo serán primeros en el reino de los cielos; y los primeros, últimos" (Mat. 19:30; 20:16) articula el rechazo bíblico hacia esta preferencia cultural.

LA MUJER COMO «AYUDANTE» DEL HOMBRE

La serie de televisión *Downton Abbey*, nos narra una apasionante historia acerca de cómo era la vida a principios del siglo XX en la sociedad inglesa. La serie gira en torno a una familia aristócrata, los Crawley. Y a su vasta cantidad de sirvientes; mientras se adaptan a una sociedad cambiante. El estilo de vida de los Crawley depende enteramente de sus empleados, quienes los visten, cuidan de sus hijos, cocinan su comida, ocultan sus secretos y todo lo demás. A su vez, ellos también necesitan a los Crawley, ya que su trabajo representa su medio de vida. Los Crawley y sus sirvientes, no solo dependen unos de otros, sino que a menudo comparten respeto y afecto mutuos. Sin embargo, la línea que separa a la familia de la servidumbre siempre es clara, y ese orden social no debe alterarse.

Comparemos esto con una escena de la película *Las Dos Torres*, la segunda entrega de la trilogía cinematográfica *El Señor de los Anillos*, basada en el libro clásico de Tolkien con el mismo nombre. Uno de los momentos clave de la película es una batalla en la fortaleza llamada Abismo de Helm. Un reducido grupo de humanos y elfos se enfrenta a un abrumador ejército de fuerzas malignas. Pero, justo cuando parece que la derrota está asegurada, los pocos héroes que quedan miran hacia las cimas de las colinas cercanas, sale el sol, y el mago Gandalf aparece por la cresta acompañado de un ejército de jinetes; la esperanza es restablecida. Cambian las tornas de la batalla, y el bien logra triunfar sobre el mal.

¿Qué tienen en común estos ejemplos tan diferentes? Ambos ilustran la idea de la ayuda. ¿Cuál se acerca más a lo que usted piensa cuando oye que Dios hizo a Eva porque no pudo encontrar una "ayudante" más adecuada para Adán? (Gén. 2:18–23).

En español, es habitual que la palabra "ayudante" traiga a la mente conceptos como "asistente", "empleada doméstica", o bien, "sirviente". Es fácil suponer que Adán se encontraba al mando, mientras que Eva estaba allí simplemente para asistirlo en lo que hiciera falta.[7] Pero ¿es esa la verdadera interpretación de la historia? ¡Ni mucho menos! Para entender por qué, profundicemos en las palabras hebreas una vez más.

El significado de la palabra hebrea que ha sido traducida como "ayudante" no puede expresarse simplemente como "asistente" o "sirviente".[8] La frase hebrea utilizada en el Génesis y traducida como "ayudante idónea" es *ezer kenegdo*. Reparemos en esta frase, observando primero la palabra *ezer*.

Ezer procede del término *azar* (ayudar). No obstante, *azar* no significa meramente ayudar. Implica la acción de alguien que salva a otro de un peligro extremo, e incluso que lo libra de la muerte. La palabra *ezer* aparece veintiún veces en el Antiguo Testamento. Dos de ellas en Génesis 2, y tres más refiriéndose en otros momentos a protectores y salvadores militares.[9] Además de en esas cinco ocasiones, el término *ezer* se utiliza únicamente para designar a Dios como el redentor que rescata de la angustia, el peligro, la calamidad y la muerte.[10]

Teniendo en cuenta lo que sabemos de la palabra *ezer*, comenzamos a notar que evoca algo totalmente opuesto a un papel servil. La mujer es entonces representada como la creación de Dios para liberar al hombre de la soledad. La soledad de Adán no era un problema porque no tuviera a nadie que le ayudara a hacer su trabajo, sino porque vivir en soledad daña nuestra propia humanidad. Recordemos que los seres humanos, hechos a imagen del Creador, somos relacionales hasta la médula. Nuestro Dios es una Trinidad (Padre, Hijo y Espíritu) que existe en lo que los teólogos llaman una "comunidad de amor". Los seres humanos también hemos sido hechos para coexistir en una comunidad de amor. Por eso, en las escrituras se señala: "no es bueno que el hombre esté solo" (Gén. 2:18). En ningún caso la palabra *ezer* denota una idea de la mujer como ayudante o subordinada del hombre.

La segunda palabra de la frase traducida como "ayudante idónea" es *kenegdo*, que quiere decir "adecuada para él" o "idónea para él". Este término complementa la esencia de prominencia y fuerza ya expresada en la palabra *ezer*. La palabra raíz de *kenegdo*, *neged*, significa literalmente "frente a", "a la vista de", "opuesto a" (equivalente a la expresión popular "cara a cara"). El sustantivo hebreo relacionado, *nagid*, designa a un líder, gobernante o príncipe (como un general "al frente de" sus tropas, liderándolas en batalla). Está claro que el término *kenegdo* apunta a que Eva es igual a Adán, y una compañera.[11]

En conjunto, la frase hebrea *ezer kenegdo* (ayudante idónea para él) señala que, con su creación y su ser, a la mujer se le da el papel de rescatar al hombre de la soledad. A diferencia de los animales, que no son *ezer kenegdo* para el hombre (Gén. 2:19–20), la mujer sí le corresponde como tal apoyo, es su igual; "carne de mi carne y hueso de mis huesos" (Gén. 2:23). Formada a partir de la misma esencia y sustancia, ella le complementa y le completa.[12]

El padre de la Iglesia Crisóstomo (344–407 d.C.) expresa con estas palabras el estatus de la mujer antes de la Caída, tal como Dios la concibió:

«Al principio te creé igual en estima a tu marido, y mi intención fue que todo lo compartieras con él de igual a igual; y así como confié el control de todo a tu marido, así lo hice yo contigo».[13]

Contando ya con una mejor comprensión de la expresión hebrea *ezer kenegdo*, apreciamos una imagen más clara de la relación entre Adán y Eva. La suya no era una relación de amo-sirviente. En cambio, imaginemos a Eva siendo una heroica salvadora creada por Dios, como el ejército de Gandalf que aparece en la cima de la colina. Ella permite que la humanidad florezca tal y como fue planeada, en una relación mutua de compañeros iguales.

La Caída

Los dos primeros capítulos del Génesis ilustran un cuadro de igualdad, mutualidad y colaboración en el cumplimiento

del mandato divino de poblar y administrar la Tierra.[14]
Trágicamente, la relación de Adán y Eva se distorsiona de
manera terrible cuando intentan cruzar los límites establecidos
por querer llegar a ser "como Dios" (Gén. 3:5). Su búsqueda
del conocimiento absoluto y de trascender sus propios límites
obtiene un resultado contrario: la humanidad se convierte en
algo inferior a lo plenamente humano. Las consecuencias son
desastrosas para el hombre y para la mujer. Su relación de
igualdad y colaboración se convierte en una relación de poder
sobre el otro: "Y él te dominará" (Gén. 3:16).

Este relato de maldición, que pone al hombre en posición de
gobernar sobre la mujer, ha sido entendido por muchos como
un mandato divino sobre la naturaleza de su relación. Sin
embargo, con ello se pierde de vista todo el sentido de la obra
de Dios en la historia.

Toda la historia de la obra redentora de Dios, desde la llamada
de Abraham (Gén. 12:1-3), hasta la visión de un cielo y una tierra
nuevos en los que "ya no habrá maldición alguna" (Ap. 22:3),
es la historia de un Dios que obra para liberar a la humanidad
y a toda la creación de su "existencia maldita" (Rom. 8:19–23).
A la luz de esto, la *maldición* en Génesis 3, tiene que entenderse
no como prescriptiva (lo que debería ser) sino como descriptiva,
revelando *cuál es* la condición humana cuando se ve separada
de la relación con su creador y su intención original.

De la revelación bíblica, también se deduce con claridad
que el pueblo de Dios está llamado a participar en esta obra

liberadora y transformadora de su plan, y a encarnarla. Israel está llamado a ser una "bendición" y una "luz para las naciones" (Gén. 12:2–3; Isa. 19:24–25, 42:6). La comunidad de la nueva alianza de judíos y gentiles "en Cristo", debe ser la alternativa al quebrantamiento de la sociedad humana caída, que, desde luego incluye la distorsionada relación hombre-mujer.

Hay que luchar contra la maldición y revertirla, no aceptarla. Como seguidores de Cristo, debemos restaurar la mutualidad, la igualdad, y la colaboración entre hombres y mujeres que Dios ha diseñado. Éste es el modelo de matrimonio que debemos seguir.

Conclusión

Los textos que hemos examinado sobre la creación de la raza humana (*adam*) como hombre y mujer a imagen de Dios, el orden de la creación, la creación de Eva como "ayudante" de Adán, y la maldición del dominio del hombre sobre la mujer, pintan un cuadro claro del diseño divino para la humanidad, para el varón y la mujer, y para el matrimonio.

Hemos visto que no solo Adán fue creado a imagen y semejanza de Dios, sino toda la humanidad, tanto en su aspecto femenino como masculino. El hombre y la mujer no solo comparten una esencia humana, sino que comparten el deber de poblar el mundo y ejercer una administración responsable sobre él. A lo largo de la narración sobre la creación, vemos que llega a su clímax con la aparición de los seres humanos, en pie de igualdad unos con otros, y a imagen de Dios, como el pináculo de su obra.

Y aunque en la historia de la creación narrada en Génesis 2 Adán fue creado primero, vemos que esto no dice nada sobre un liderazgo suyo, y tampoco sobre un supuesto gobierno, o autoridad de su parte. Así pues, la narrativa de Génesis 2 confirma la afirmación de Génesis 1:26–27: Dios creó al varón y a la mujer, juntos, a imagen suya.

También hemos visto que, el que Eva haya sido asignada con la misión de ser ayudante para Adán, no significa que sea su subordinada. Más que una simple asistente, es una fuerte rescatadora. Ella es el instrumento de Dios para salvarle de una trágica existencia de soledad. Ella es su igual, su contraparte. Juntos pueden encarnar plenamente la imagen de nuestro creador relacional.

Esto prepara el terreno para la Caída en Génesis 3. "El dominio del hombre sobre la mujer" (Gén. 3:16) supone una ruptura drástica en el orden de la creación. El diseño perfecto y la intención del Creador para con la relación hombre-mujer se ha torcido y distorsionado. La condición jerárquica de encima-abajo en tal relación está "en esclavitud al pecado". Nunca fue diseño o deseo de Dios.

Rescatar a la humanidad del pecado (pecado que supone el dominio del varón sobre la mujer), es el objetivo central de la obra redentora de Dios, que culmina en Cristo. El desafío de

Jesús a las estructuras jerárquicas de poder en las relaciones humanas, y la convicción de Pablo de que "en Cristo" hemos de ser liberados de la esclavitud al pecado, son una prueba más de que la jerarquía entre hombre y mujer está fuera de lugar en la nueva creación.[15]

La mutualidad en el matrimonio fue el diseño de Dios cuando los cimientos de la tierra fueron colocados, y sigue siendo deseo suyo hasta el día de hoy. Sigamos el camino que él ha dispuesto para nosotros con todas nuestras fuerzas.

PREGUNTAS PARA LA REFLEXIÓN Y EL DEBATE

1. ¿Por qué es importante comenzar por el libro del Génesis para debatir sobre el matrimonio?
2. ¿Cómo cambia la relación entre hombres y mujeres entender correctamente el concepto de la imagen de Dios?
3. ¿Tiene algún significado la cronología de la creación? ¿Importa quién llegó primero o al último?
4. Aunque Génesis 1 y 2 difieren entre sí en algunos aspectos, ¿qué afirman ambos en común sobre el ser humano?
5. Busque algunos de los versículos que hacen referencia a la palabra ezer. ¿De qué manera contribuyen estos versículos a entender qué es un/una «ayudante»?
6. ¿Cuál es la diferencia entre escritura prescriptiva y escritura descriptiva, y cómo se aplica esto a la maldición descrita en Génesis 3?
7. ¿Qué puntos clave se lleva usted de este capítulo?

"Tuercas y tornillos"

– 2 –
Amistad íntima
¿Cómo se llega allí?

Janelle Kwee y Hillary McBride

«La voz es una ventana al alma. La sede del alma no está dentro de una persona, ni fuera de ella, sino en el mismo lugar donde se superponen y se encuentran con el mundo.»
–Gerard de Nerval

Noelle y Simon rondan los cuarenta años, llevan quince de casados, y tienen tres hijos de entre siete y doce de edad. Su hijo mediano tiene necesidades especiales y requiere numerosas citas al médico; los tres participan en deportes y clases extraescolares. Noelle suele estresarse por las fechas límite de su trabajo como paralegal. Simon, contratista autónomo, lucha por gestionar los límites en torno a su trabajo, sobre todo porque siente la presión de ser el "sostén de la familia". Además, la madre de Noelle, quien solía ayudar con los niños, está recibiendo quimioterapia y necesita apoyo adicional. Por último, Simon forma parte de la junta de su iglesia, la cual atraviesa por una transición de liderazgo, este compromiso lo preocupa aún más; hace que no esté del todo disponible para su familia. Desde hace algún tiempo, las citas y salidas nocturnas de pareja han quedado fuera de la agenda. Simon y Noelle empezaron a sentirse como cohabitantes en el mismo hogar, y a discutir con frecuencia sobre quién debe hacer qué cosa. Aunque en esta pareja existe compromiso del uno hacia el otro, cuidar del matrimonio ha llegado a sentirse como la última prioridad.

¿Le suena familiar esta historia? Quizá Noelle y Simon sean unos amigos suyos. O, ¿tal vez vea usted reflejada su situación en la historia de ellos?

En este capítulo, exploraremos el tema del amor mutuo y abnegado en el matrimonio por medio de un debate sobre la amistad, la intimidad y la espiritualidad. Comenzaremos reflexionando sobre las pautas que la Trinidad nos ofrece sobre la forma de relacionarnos como seres hechos a imagen del Señor. Después, debatiremos acerca de cómo se da la cercanía en el matrimonio, y exploraremos consideraciones prácticas para afrontar retos. Por último, ofreceremos preguntas orientadas a que los lectores reflexionen y discutan por su cuenta, con sus parejas, o en pequeños grupos. Contamos con que la lectura transmita el sentido de la importancia y posibilidad de cultivar amistad y cercanía para toda la vida entre compañeros matrimoniales.

¿POR QUÉ LA AMISTAD Y LA INTIMIDAD SON IMPORTANTES EN EL MATRIMONIO? REFLEXIONES DESDE LA TRINIDAD

Los seres humanos son la imagen de Dios. Esto significa que, la naturaleza del Dios trino es la base para entender las relaciones humanas.[1] Dios es amor, y nosotros también somos amor; estamos llamados a amar. Al establecer vínculos afectuosos con los demás, descubrimos nuestra propia humanidad y reflejamos verdaderamente la imagen del Creador. Cada entidad que conforma la Trinidad está en perfecta intimidad con las otras, pero también, mantiene misteriosamente la cualidad de ser propia e independiente.[2] De igual manera, se afirma la aceptación y la pertenencia dentro del matrimonio, donde coexisten tanto el "yo" como el "nosotros". Los seres humanos fueron creados para relacionarse, y para vivir con intimidad; así como en comunidad.[3] La pregunta práctica aquí es ¿Cómo sabemos que una intimidad es sana?

¿CÓMO ES UNA RELACIÓN DE AMISTAD E INTIMIDAD SANAS EN EL MATRIMONIO? ¿CÓMO LO PODEMOS CONSEGUIR?

Cuando las personas se refieren a la intimidad en el matrimonio, a menudo hablan del sexo y de la expresión romántica. Sin embargo, la intimidad es mucho más que nuestra capacidad de estar cerca de alguien física y sexualmente; también es nuestra capacidad de estar cerca emocionalmente. Por supuesto, estos aspectos de la intimidad son parte de una relación matrimonial próspera. Pero aquí nos centramos en acercarse emocionalmente, a fin de mantener una amistad vital y un sentido compartido de propósito.

La capacidad de una pareja para prosperar unida en el matrimonio no puede reducirse a un solo proceso o a una única habilidad. El núcleo de un matrimonio próspero y gratificante, así como de la capacidad de una pareja para sobrellevar los retos de la vida cotidiana, es un vínculo relacional profundo con varias características clave: (1) la seguridad y la vulnerabilidad; (2) el disfrute mutuo de la pareja; (3) la autenticidad de cada persona; y (4) un significado y un propósito compartidos.[4]* Un vínculo de pareja sano, envuelve a dos personas capaces de crear un lugar seguro en el que cada uno se vea y se acepte plenamente tal como es.

VULNERABILIDAD Y SEGURIDAD

«El amor es una amistad en llamas»–Jeremy Taylor

Considere al amor (metafóricamente hablando) como una amistad en llamas: más que otro tipo de amistad, el amor tiene un poder que puede infundir vida o lastimarla. Poder

---

*Estas características coinciden con los elementos de realización personal descritos en el Análisis Existencial,6 que pueden resumirse en la capacidad de la persona para responder «sí» a cuatro preguntas fundacionales de nuestra existencia: (1) ¿Puedo serlo? ¿Experimento la seguridad, la protección y el apoyo necesarios para estar aquí?; (2) ¿Me gusta vivir? ¿Siento mis emociones y siento que hay bondad en mi vida?; (3) ¿Puedo ser mi auténtico yo? ¿Soy libre de ser yo mismo/a?; (4) ¿Para qué estoy aquí?; ¿Qué da sentido a mi vida?

utilizar ese poder para mantener y hacer crecer una amistad matrimonial, implica que cada miembro de la pareja tiene que sentirse valorado y seguro. Ser honesto o auténtico en un matrimonio, no quiere decir que una persona deba decir lo que quiera y cuando quiera. Para estar realmente juntos, cada miembro de la pareja debe tener espacio, protección y apoyo. Deben tener la seguridad emocional de estar comprometidos el uno al otro, y la seguridad tangible de sentirse protegidos frente a la violencia física. Cada uno tiene la responsabilidad de brindar seguridad, protección y apoyo al otro, sin basarse en roles de género que presuponen que uno es fuerte y otro débil. La vulnerabilidad para ser valorado, reconocido y aceptado solo es posible cuando se establece la seguridad emocional. Podemos explorar el tema de la seguridad con estas preguntas:

- ¿Puedo estar realmente tranquilo/a en esta relación, o siento que camino de puntillas cerca de la otra persona?
- ¿Mi pareja camina de puntillas a mi alrededor?
- ¿Está uno más presente que el otro?
- ¿Puedo «ocupar mi espacio» para ser yo mismo/a en esta relación, en mi propio cuerpo, y con mis propios pensamientos y sentimientos?
- ¿Logro dejar a mi pareja espacio para ser él o ella misma, y tener sus propias necesidades en nuestra relación?
- ¿Tengo una sensación de arraigo, pertenencia y aceptación?
- ¿Ofrezco a mi pareja un sentimiento de aceptación, pertenencia y arraigo?

Es difícil cultivar una relación próspera e íntima mientras mantenemos ocultas partes de nosotros mismos. Cuando existe seguridad física y emocional, cada miembro de la pareja tiene la oportunidad de explorar aquellas partes de sí mismo que más siente la tentación de ocultar, las que más teme ver rechazadas, o que más vergüenza le producen. La vergüenza es el sentimiento de que hay partes de nosotros que son indignas, que no pertenecen, no merecen la pena y no son valiosas para ser amadas.[5] [6]La paradoja de la vergüenza es que, para que podamos sanar, debemos dar a conocer esas partes que se sentimos indignas de ser amadas. Exponer nuestra vergüenza en aras de la sanación puede parecer como si nos pidieran que nos metiéramos en medio del tráfico, pero es posible arriesgarnos a exponer nuestros corazones y mentes cuando nos sentimos seguros en un vínculo de por vida con nuestro cónyuge.

Independientemente del sexo, la habilidad o el supuesto papel que desempeñamos en el matrimonio, todos participamos en en darle propósito a nuestra unión. Para ello, brindamos a nuestro cónyuge un lugar seguro en el cual poder ser vulnerable, y nos apoyamos también en nuestra vulnerabilidad. La mayoría de las representaciones populares de las relaciones muestran la vulnerabilidad como algo procedente de la mujer. Sin embargo, las necesidades y expresiones emocionales de una persona tienen más que ver con su temperamento y su experiencia vital que con su género. A pesar de lo que nuestra cultura enseña acerca de cómo deben comportarse y sentir hombres y mujeres, el hombre necesita seguridad emocional tanto como la mujer. Y las esposas merecen ver la vulnerabilidad emocional de sus maridos; y encontrarse con ella. Esto requiere que salgamos del guion establecido por la cultura popular y por la Iglesia, según el cual, las mujeres tienen que ser emocionales (idea asociada a la debilidad), y los hombres estoicos (idea asociada a la fuerza).

Lamentablemente, en la cultura occidental patriarcal, los varones aprenden desde pequeños que sus emociones, especialmente la tristeza, deben silenciarse o eliminarlas. Por lo tanto, algunos hombres pueden encontrar especial dificultad para construir intimidad emocional. Esta dicotomía de la mujer emocional y el hombre racional nos perjudica a ambos. La relativa facilidad de las mujeres para sentir y compartir emociones se ha utilizado para silenciarlas, oprimirlas, restarles poder y desacreditarlas. El argumento de que una mujer no puede pensar con claridad debido a las emociones desacredita el papel de la emoción en el discernimiento y la comprensión. ¿Qué pasa con la capacidad de un hombre para ser consciente de sus sentimientos cuando ha sido profundamente condicionado socialmente para dar prioridad a su racionalidad? Un hombre merece experimentar su plenitud como ser racional y emocional del mismo modo que una mujer merece experimentar lo mismo como alguien que dispone de capacidades tanto emocionales como racionales.

EL DISFRUTE MUTUO DE LA PAREJA

Recordemos la historia de Noelle y Simon. Cuando eran novios, solían quedarse despiertos hasta altas horas de la noche conversando sobre las cosas mundanas de la vida, compartiendo recuerdos; tanto aquellos dolorosos, como los alegres y los divertidos. Se tomaban el tiempo para conocerse de verdad. Al igual que muchas parejas, hicieron un bonito trabajo construyendo un vínculo de amistad al principio de su relación. La motivación para madrugar y contemplar un amanecer, o para dar un paseo en la oscuridad hasta tarde surgía naturalmente cuando las cosas parecían nuevas y prometedoras. Pero, este disfrute mutuo tan habitual en las primeras etapas de una relación no se debe solo a que sea nueva, sino también a la energía que cada uno invierte deliberadamente en la otra persona.

Cuando una relación es nueva, nos damos tiempo de cultivarla porque somos conscientes de que contiene la promesa de algo bueno. Aunque el calor que nos motiva a construir una amistad apasionante parece surgir por sí mismo al principio, puede quedar relegado eventualmente a un segundo plano por otras prioridades. Como Simon y Noelle, las parejas suelen experimentar un cambio que va de la "diversión" al "trabajo" en el transcurso de una relación de compromiso. Para mantener la amistad y la intimidad, ambos deben dedicar tiempo a disfrutarse y apreciarse mutuamente. Se puede explorar el tema en pareja con las siguientes preguntas:

- ¿Cómo me siento con mi pareja?
- ¿Estoy en contacto mis emociones en esta relación, y experimento la bondad de nuestra vida compartida?
- ¿Qué hay de bueno en nuestra vida juntos?

- ¿Tengo una sensación de conexión con mi cónyuge?
- ¿Qué me atrae de esta persona y de esta relación?
- ¿Cuándo experimento un sentimiento de calidez y comodidad con mi pareja?
- ¿Se siente bien formar parte de esta relación?

Indagar en estas preguntas puede resultar amenazador si las respuestas son negativas. ¿Y si se apaga la chispa? ¿Qué ocurre cuando se quiere mantener los votos matrimoniales, pero parece que la relación se define por cosas mundanas y pequeños resentimientos? Estén tranquilos, "perder la chispa" no es ninguna fatalidad en el matrimonio. De hecho, es muy normal que quienes mantienen una relación duradera y comprometida sientan de vez en cuando una pérdida de calidez y conexión. No obstante, vivir en un estado constante de frialdad tampoco es sostenible. Entonces, ¿qué puede hacerse? En primer lugar, ser conscientes de que la falta de "chispa" es una invitación a volver a encenderla. En lugar de enfocarse en observar cómo mengua la alegría, deben darse cuenta del hambre de cercanía que ha surgido, y dedicar tiempo a prestarse atención y brindarse aprecio; esas cosas que antes eran tan naturales.

Piense en la frecuencia con que buscan a su pareja para conectar y compartir cosas pequeñas o grandes. Piense en la frecuencia con la que planifican acontecimientos que luego esperan impacientemente. O si tienen rituales y formas favoritas de pasar tiempo juntos. ¿Qué tanto representan estas cosas una prioridad en su vida? Si tienen hijos, ¿con qué frecuencia se toman tiempo a solas para fortalecer su conexión como esposos? ¿Con qué frecuencia tienen conversaciones, sin hablar sobre los niños? El compromiso mutuo no basta para mantener la conexión de una amistad. Restaurar la amistad y la cercanía a veces requiere de ayuda; acudir a un profesional puede ser una forma de priorizar el (re)construir el vínculo.

LA AUTENTICIDAD DE CADA PERSONA

Un ejercicio de apertura que a menudo realizamos cuando recibimos a parejas para brindar asesoramiento, es dibujar un diagrama de Venn de dos círculos parcialmente superpuestos e identificarlos con "yo" y "usted"; escribiendo "nosotros" en el del centro.

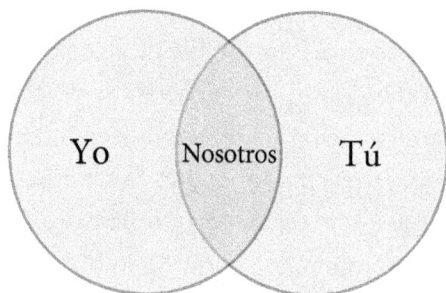

Esto lo hacemos para mostrar a las personas que, en un matrimonio, la parte del "nosotros" en el diagrama, es algo nuevo formado en conjunto por la persona que es usted y la persona que es su pareja. Aunque podemos señalar e identificar fácilmente a las dos partes que componen el vínculo, juntas crean algo nuevo: una relación viva que exige cariño, cuidado y atención. Igual que una planta necesita riego, esta relación viva requiere de ciertas cosas para subsistir. Entre ellas están los elementos que ya hemos explorado, como la seguridad, la vulnerabilidad y el tiempo compartido. Además, para que la parte del "nosotros" se encuentre en armonía, cada individuo debe poder experimentar la autenticidad personal, poder ser plenamente uno mismo.

Las parejas a menudo tendrán dificultades cuando carecen de la adecuada integración entre sus dos yoes individuales. Si se pierden el vínculo conyugal y la identidad compartida, las parejas describen el tener cada quien, la sensación de que viven vidas separadas, como compañeros de habitación, o como si lo único que les recuerda que están casados es su anillo de bodas y la cama que comparten. No es inusual que las parejas en esta situación busquen asesoría profesional, porque los acontecimientos de la vida les mantienen distanciados.

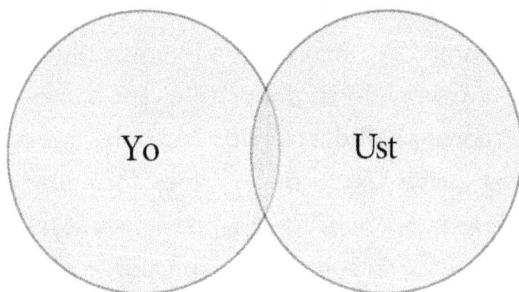

Sin embargo, el solapamiento excesivo de los círculos individuales también supone una amenaza para la salud general del matrimonio. Las personas pueden llegar a sentirse así cuando no tienen amistades fuera del matrimonio, o cuando carecen de un sentido de quiénes son como individuos. A pesar de que en este capítulo hemos hablado principalmente de la importancia de ampliar el componente "nosotros", para que un matrimonio sea realmente sano y crezca en profundidad, cada cónyuge debe emprender un viaje constante de crecimiento, salud y descubrimiento en su propia vida.

Seguramente están familiarizados con una práctica común realizada en las ceremonias de boda, que es la vela de la unidad. Una vela representa a la novia y otra representa al novio, sus llamas se unen para alimentar una vela central formando una llama más grande que representa la vida que comienzan como unidad. Las velas originales que representan a los novios suelen apagarse. Esta metáfora nos transmite el significado de la unión de los cónyuges, pero se queda corta a la hora de describir la continuación necesaria de las dos velas originales para que pueda prosperar la vela "nosotros".

Es esencial que cada miembro de la pareja sepa que sigue siendo su yo único en el contexto de la relación. Con la autenticidad individual como base de la unión, no puede haber una dependencia malsana, ni una "pérdida" de uno mismo a razón del otro, ni una dominación de una parte sobre la otra. La identidad y personalidad únicas de cada persona deben expresarse y valorarse. La mutualidad implica un equilibrio entre el valor esencial de uno mismo y del otro dentro de una relación. Hay dos personas que son únicas, y que aportan valor a la relación compartida. Esto significa que también deben existir límites, y que ambos deben ser conscientes de dónde acaba una persona y empieza la otra. Por otra parte, la cercanía con otra persona también requiere cercanía con uno mismo. Estar en conexión con las propias necesidades y tener autocompasión no es ser egoísta, sino estar centrado y ser consciente de uno mismo; es la base para poder amar al otro.

Para que la amistad en el matrimonio sea duradera y significativa, cada uno debe ser capaz de atender las necesidades y preocupaciones propias. Cada uno debe respetar también la necesidad del otro de crecer como un ser independiente. No hay necesidad de cuestionar ni saber todo sobre la otra persona. En cambio, necesitamos permitir y apoyar su crecimiento personal, aunque éste se desarrolle por separado del nuestro. Ser capaces de poner límites permite también una intimidad más plena. Las siguientes preguntas sirven para considerar la autenticidad personal dentro de una relación:

- ¿Soy libre de ser realmente yo?
- ¿Se valora mi voz en nuestros debates y conversaciones?
- ¿Recibo la opinión de mi pareja del mismo modo en que impulso la mía?

- ¿Soy consciente de que mi pareja y yo somos diferentes y únicos?
- ¿Soy libre de sentirme cómodo/a con mis propios pensamientos y sentimientos, y de que estos sean míos?
- ¿Puedo dejar que mi cónyuge tenga sus propias convicciones, sentimientos, alegrías y penas?
- ¿Me siento capaz de perseguir mis propios objetivos y dejar que mi cónyuge haga lo mismo?
- ¿Podemos hacer lo anterior de forma en que no nos distraiga de nuestras metas y valores comunes, sino que nos ayude a sentirnos individuos sanos?

Dado que la relación está formada por un "tú" y un "yo", la salud de cada persona también repercute en la salud de la relación. Como en una receta, si uno de los ingredientes está fermentando, el producto final puede seguir siendo comestible, pero, lo más probable es que sepa un poco "raro". En el matrimonio, si el círculo del "yo" no es sano, contribuirá a que la parte del "nosotros" se vea un tanto "apagada". Tanto nuestros puntos fuertes como débiles están presentes en la relación. Para que cada cual contribuya sanamente a la pareja, es importante que ambos trabajen en su propia sanación y crecimiento, buscando, de ser necesario, la consejería profesional individual.

SIGNIFICADO Y PROPÓSITO COMPARTIDOS

¿Por qué estamos juntos? ¿Compartimos una visión común que nos une? ¿Qué da sentido a nuestra relación? Algunos lectores podrían suponer que la fe cristiana responde a la cuestión del sentido. Al fin y al cabo, el matrimonio es un sacramento en la Iglesia; se trata de algo que refleja el diseño relacional del Creador, y ahí termina la discusión.

Pero, por desgracia, *creer* simplemente en un propósito específico del matrimonio no siempre garantiza la *experiencia* de un matrimonio pleno y con sentido. Dios nos creó siendo seres relacionales; estamos hechos para mantener una conversación dinámica y bidireccional con él. Por ello, en vez de dar por hecho el significado del matrimonio, nosotros, en el contexto de nuestras vidas individuales y de nuestra vida en pareja, podemos escuchar y discernir a qué nos sentimos llamados y de qué somos capaces. En lugar de esperar a que Dios nos dé las respuestas definitivas, reafirmamos el sentido que Dios dio a nuestras vidas sintiendo tal llamado; y tomando las decisiones correctas para responder "sí" al escucharlo. Algunas preguntas que pueden ayudarle a explorar el horizonte de sentido y propósito espiritual de su matrimonio son:

- ¿Para qué estamos (estoy) aquí?
- ¿Qué da sentido a nuestro matrimonio (o a mi vida)?
- ¿En qué nos estamos volviendo como pareja?
- ¿En qué queremos evolucionar como pareja?
- ¿Cómo trabajamos intencionadamente hacia lo que queremos llegar a ser?
- ¿A qué contexto mayor (fe, familia, cultura) pertenecemos?
- ¿Cómo nos gustaría que nos recordaran como pareja?

- ¿Qué medidas tomamos para retribuir a nuestra comunidad y al cuerpo de Cristo?
- ¿Cuáles son nuestros dones juntos y como individuos?
- ¿Dónde nos sentimos necesitados?

Ustedes, las parejas cristianas, pueden buscar en oración, con apertura y curiosidad, lo que Dios les tiene dispuesto como individuos y como equipo. Es importante tener un sentido amplio de esta visión, individualmente y en pareja. También afirmamos un profundo vínculo con nuestra pareja no solo a través de nuestro sentido compartido del significado, sino apoyando los objetivos vitales de cada uno en lo individual. Es importante que el sentido del llamado de cada persona se tome en seriamente, y que cada miembro de la pareja reciba apoyo en sus "objetivos vitales". Con la familia nuclear "tradicional" de los años cincuenta como telón de fondo (en la que el éxito de los hombres era respaldado por las mujeres en el hogar), podemos caer en suposiciones basadas en roles de género típicos sobre lo que *debería* ser significativo para cada persona en un matrimonio.

No permita que estas suposiciones limiten su visión de la unión matrimonial. Tal vez una esposa tenga un fuerte sentido de la obra de Dios en su vida a través de su vocación pública, y un marido tenga un fuerte sentido de su llamado para con Dios mediante la crianza de los hijos de la pareja. Afirme y celebre la vocación de ella y la provisión financiera que ella aporta a la familia; celebre y afirme cuando sea él quien prepare las tortas para el colegio de los niños. Asista a las reuniones de padres y profesores, acuda a las citas médicas de los hijos, lea cuentos al bebito o lleve a una adolescente a sus clases de manejo de automóvil. La colaboración significativa y equitativa entre hombres y mujeres en el ministerio y la vida pública debe ser apoyada por personas que trabajen juntas con un liderazgo compartido en casa.

En este debate, habrán observado que, además de hablar sobre la igualdad doméstica, no hemos mencionado aún a los hijos. Para las parejas que los tienen, el regalo y el legado de criarlos puede ser una causa significativa. Sin embargo, la presencia de hijos también puede ser divisiva para el vínculo emocional entre los cónyuges. La urgencia y el estrés por criarlos y, a veces, el mezclar familias también pueden separar a las parejas. Criar hijos puede conectar a dos personas, pero ¿qué ocurre cuando los hijos se van? Si no hay un significado compartido aparte de los hijos, la relación, al encontrarse en un "nido vacío" está en peligro. Animamos a las parejas a ser reflexivas e intencionadas en la crianza, pero también se requiere de cultivar sueños y visiones como pareja; y encontrar espacio para pasar tiempo aparte del que dedicamos a nuestros hijos, y a conversar sobre ellos.

Desafíos en el camino de la amistad

El amor como vínculo emocional entre la pareja es poderoso y misterioso. La autora Sue Johnson resume: "El consenso a lo largo de la historia de la humanidad es que el amor romántico es, y siempre será un enigma de alguna manera; por su propia naturaleza, incognoscible".[7] Sin embargo, el amor nos atrae a pesar de su misterio, y a pesar de su poder para destruir. La gente sigue enamorándose y construyendo su vida en torno a este vínculo emocional. El camino de la amistad y la intimidad en el matrimonio es todo un reto. Uno de los grandes retos del matrimonio puede ser no terminar por estar (o no permanecer) en una relación con un desequilibrio de poder.

Una relación en la que uno de los miembros ejerce poder sobre el otro es fundamentalmente vulnerable a la destrucción; lo cual resulta en la destrucción tanto de los individuos como de la propia relación. Con una dinámica de poder *sobre el otro*, se pierde la base esencial de la mutualidad. Sin embargo, con demasiada frecuencia, los guiones basados en los roles de género dentro de la Iglesia y en la cultura popular, se caracterizan por la dominación y la sumisión unilateral en lugar de la autenticidad y la sumisión mutua. Esto distorsiona el factor "nosotros" en un matrimonio; porque anula la voz y el poder dados por Dios a una persona dentro del vínculo matrimonial.

Hay una extensa historia que enseña sobre el liderazgo cristiano tanto en el hogar como en la Iglesia, que utiliza con frecuencia el término de "jefatura". Este concepto se aborda en otra parte de este libro, pero aquí consideraremos las consecuencias psicológicas y relacionales de la jefatura unilateral. Cuando una persona asume más poder que la otra, limita a su vez su poder y valor dentro del matrimonio. Cada parte dentro de una relación conyugal merece sentirse segura y apreciada. Cada persona requiere la oportunidad para florecer, en lugar de sentirse limitada, devaluada o silenciada. La persona que asume más poder sobre la otra también sufre, desde luego; pero de forma diferente. Pero quien asume más poder, carece entonces de la posibilidad para experimentar la asociación mutua desde la vulnerabilidad compartida.

CÓMO GESTIONAR LAS DIFERENCIAS Y LOS ROLES

A medida que las parejas navegan con sus vidas entrelazadas en el matrimonio, deben saber gestionar la toma de decisiones, y gestionar las tareas en forma práctica. ¿Cómo ayuda el concepto de mutualidad a las personas a aprender cómo llevar las actividades cotidianas tales como: declarar impuestos, comer, trabajar, sacar la basura, limpiar la casa, pagar facturas y criar a los hijos? Para estos retos prácticos, animamos a las parejas a hablar abiertamente de sus objetivos y prioridades, y a decidir sobre "quién hace qué" en función de sus capacidades y disponibilidades. Esto es, en función del bien común de la pareja; no basándose en expectativas de roles fundamentadas en el género.

Es importante reconocer que siempre hay cambios a lo largo de las estaciones de la vida en pareja, y si cada uno puede mantener una imagen clara del "nosotros", se pueden sostener la flexibilidad y la apertura. Los matrimonios deben considerar lo valioso para cada persona, para los dos, y para la familia en conjunto; así como todo lo que sea de mayor necesidad, y mantener una visión general. Aprenda a observar las necesidades de los demás, sus capacidades, y lo que a cada uno le gusta y se le da bien. Tomen turnos, cambien los papeles, experimenten, sean abiertos y prácticos. Si comprueba que lo que usted hace funciona y que cada persona se siente realizada a su vez haciendo lo suyo, regocíjese. Cuando algo "no funcione", practique la flexibilidad.

DEMANDAS FUERA DE LA FAMILIA

Un posible obstáculo para las parejas que tratan sus puntos fuertes, necesidades y responsabilidades en forma compartida, es que muchos aspectos sociales no están pensados para adaptarse a las familias igualitarias. La semana laboral de un único sostén de la familia, generalmente hombre, subyace en muchos supuestos de las expectativas de trabajo. Compartir las responsabilidades parentales y familiares es un reto para los hombres y las mujeres que trabajan. Los empleados que solicitan un horario flexible en el lugar de trabajo para poder atender sus responsabilidades como padres, suelen ser juzgados según la norma (cada vez menos común) de una familia con alguien a la cabeza, y un ama de casa. Decidir las funciones y responsabilidades tanto dentro y fuera del hogar es un reto importante que exige creatividad para hombres y mujeres.

Formar parte de una comunidad también puede ser una manera de experimentar el llamado de Dios en el matrimonio. Como sacramento, el matrimonio es una muestra visible de la intimidad y el amor de Dios por nosotros, y el simple hecho de ser una pareja cristiana que se ama y que prospera en el mundo, puede responder a su llamado en nuestro matrimonio.

Dicho de otro modo, llevar una vida sana y normal juntos (llevar a los niños a los entrenamientos de fútbol, resolver conflictos de horarios y planear las vacaciones en familia) de forma honrada, solidaria y respetuosa puede ser una forma de ministerio. Tener un vínculo matrimonial profundo y satisfactorio no excluye a una vida regular con actividades familiares; es posible amar y ser amado en el contexto de una vida con presiones y desafíos.

CÓMO CRIAR A LOS HIJOS

Reconocemos que los hijos son una parte importante del matrimonio. Y que, como ya se ha dicho, tenerlos puede ser un regalo o una amenaza para la amistad y la intimidad de la pareja. Dentro del limitado alcance del enfoque de este capítulo, nos gustaría destacar los conceptos de *mutualidad y poder compartido* como elementos que caracterizan una relación parental dentro un matrimonio igualitario. Los hijos llegan a nuestras vidas siendo personas propias, ya sean adoptivos, biológicos, o fruto de la unión entre uno y otra persona con hijos anteriores. Cada niño es diferente, y no se debe pretender comprender a los niños en función de quiénes son sus padres. A pesar de las responsabilidades morales y legales de criar hijos, no somos sus dueños. Son individuos con capacidad propia de ejercer el libre albedrío en este mundo. Cuando un matrimonio se basa en el amor mutuo, los padres disponen de una base sólida para reconocer que el valor otorgado por Dios a sus hijos, al igual que la personalidad de estos no es creada por ellos, ni les pertenece. La pregunta "¿Qué necesita este niño?"

debe plantearse de forma exclusiva para cada hijo y en cada circunstancia que experimenta.

Animamos a los padres a recibir a sus hijos como regalos divinos; con hospitalidad. Quizá resulte una idea extraña sugerir que los padres ofrezcan hospitalidad a su propio hijo en el primer hogar que éste conozca. ¿El hogar de los padres no es el hogar del niño? Lo que queremos decir con hospitalidad, es que la relación entre los padres y el hijo reconoce la personalidad separada del niño. Como dijo Henri Nouwen, "Los niños no son propiedades que poseer y dominar, sino regalos que apreciar y cuidar". Nuestros hijos son nuestros huéspedes más importantes: entran en nuestra casa, piden una atención esmerada, se quedan un rato y luego se van para seguir su propio camino".[8]

En cierto modo, un niño llega a nuestra vida siendo un extraño, un querido desconocido con quien llegamos a sentirnos unidos y comprometidos; y a quien aprendemos a amar profundamente. A veces los padres se dejan cegar tanto por el objetivo de "entrenar" a un niño, que pierden de vista lo únicos que son sus hijos. Los niños tienen su propio albedrío moral y espiritual para hacer el bien, y para hacer el mal. Tienen sus propias necesidades, estilos, preferencias, amores, fortalezas, vulnerabilidades y dotes. Un padre no puede saber en qué se convertirá su hijo mañana; solo puede aceptar al niño con sus necesidades, fortalezas y limitaciones únicas, hoy. Los invitamos a recibir a sus hijos como tesoros y misterios que necesitan espacio y límites seguros para llegar a ser ellos mismos, a través de su amor y de su hospitalidad.

Reflexiones finales, preguntas para la reflexión y ejercicios para las parejas

Decir "sí quiero" al amor y al compromiso es un misterio. Casarse no es un camino fácil hacia la felicidad, pero puede ser un sendero satisfactorio de santificación. En el matrimonio, aprendemos a dar espacio y a ocupar espacio, y a tener una voz auténtica sin controlar la voz del otro. En este compromiso sostenido en amor, el "plenamente yo" y el "plenamente tú" viajan juntos en un "nosotros". Y en ese viaje, el matrimonio es una forma de conocer a Dios.

En el amor hay dolor y conflicto. Navegar por el sufrimiento, los problemas y las traiciones a la confianza requiere la capacidad de contener nuestro propio orgullo. A veces, importa más trabajar en equipo que tener la razón. Ninguno posee toda la verdad. El sufrimiento puede dar sus frutos, y reconocer que la santidad es una meta mayor que la satisfacción inmediata puede ayudar a sostener las relaciones de pareja. En este viaje, los cónyuges son siempre amigos cuando se aportan mutuamente seguridad, se dedican tiempo y atención, respetan la autenticidad del otro, y comparten la visión de su relación. Dondequiera que se hallen en su camino matrimonial, externamos para ustedes nuestro deseo de que encuentren gracia, sanación y crecimiento en su vida juntos.

Preguntas de reflexión para individuos o parejas/grupos

- ¿Qué cosas eran especialmente encantadoras e inspiradoras en mi pareja al principio de nuestra relación?
- ¿Qué sacó a relucir en mí el encuentro con mi pareja?
- ¿Cuáles son nuestros puntos fuertes y nuestras capacidades especiales como pareja?
- ¿Cuáles han sido nuestros mayores retos a la hora de relacionarnos?
- ¿Cómo sabemos si nuestra relación está prosperando, o si necesita cuidados y atención?
- Mirando atrás, ¿cuáles son las señales que pasamos por alto en el camino, que indicaban que nuestra relación no estaba recibiendo la atención que necesitaba en el momento?
- ¿Compartimos una visión común? ¿Cómo nos podemos permitir encontrarla?
- ¿Cómo puedo invitar a mi pareja a que me ayude a desplegar las alas de mi alma? ¿Cómo puedo ayudar a mi pareja a desplegar las suyas? ¿Qué nuevos pasos debemos tomar para conseguirlo, en lo individual y en lo conjunto?

Ejercicios experienciales

Las siguientes actividades están diseñadas para que las parejas cultiven conversaciones y conexiones significativas.

Utilicen imágenes para visualizar y reflexionar. Por turnos, cada miembro de la pareja debe elegir una foto de sí, o algo que represente su experiencia personal dentro del matrimonio. Pregúntese qué significa esa imagen y por qué tiene ese significado para usted. ¿Qué le representa en su pareja? ¿Qué evoca para usted? Permita que la imagen le muestre una enseñanza, y deje que su corazón hable y responda. A continuación, compartan estas fotos o imágenes entre ustedes. De nuevo por turnos, expliquen por qué eligieron esa foto. Haga preguntas sobre la elección de la otra persona. Después, con curiosidad y amabilidad, seleccionen una foto, o unas cuantas, que representen su visión del matrimonio como pareja. Esto podría representar una integración de sus dos fotos diferentes, o incluso podría convertirse en un collage de imágenes que demuestren una visión compartida. Siéntanse libres de elegir palabras y símbolos a lo largo del camino que les ayuden a componer lo que quieren que sea esa visión.

Recrear citas antiguas. Busquen tiempo para hacer algo que solían hacer cuando iniciaron su relación y que no ha ocurrido en largo tiempo. Puede ser volver a un restaurante favorito o visitar un lugar de la naturaleza donde tuvieron alguna de sus primeras citas. Si residen lejos de donde solían vivir y no es posible visitar aquellos lugares, recreen una salida o incluso una comida que hayan disfrutado juntos. Tómense tiempo para hablar de cómo se percibían entonces, y de las cosas que apreciaban el uno del otro. Compartan anécdotas sobre cuándo y cómo supieron que amaban a la otra persona y qué fue lo que les atrajo de ella. Díganle cómo la han visto crecer como ser humano desde entonces, y lo que saben sobre, y les gusta de ella ahora que tienen más tiempo juntos.

Construyan mapas del amor.[9] Los mapas del amor representan el conocimiento de la vida de nuestra pareja, y suponen una base sólida para la amistad y la intimidad. Las parejas que están unidas conocen los mundos de la otra persona. Este conocimiento es como un mapa en el que se van registrando los acontecimientos importantes de su historia juntos. La cual se actualiza continuamente según comparten sus vidas. Un amplio conocimiento sobre ambos ayuda a sentar las bases de la amistad y la intimidad, así como a presentar los recursos necesarios para afrontar los cambios y el estrés. Tengan en cuenta que al realizar el ejercicio no podrán responder de forma precisa a todas las preguntas. Esto añade un elemento lúdico al intentar descubrir de manera intencional más sobre las experiencias de la otra parte. A continuación, se proponen una serie de preguntas para que traten de responderse el uno al otro.* No duden en añadir sus propias preguntas si así lo quieren.

---

*Estas preguntas se han descargado y adaptado de la página web del Instituto Gottman (https://www.gottman.com/blog/the-sound-relationship-house-build -love-maps/), donde hay más ejercicios para fortalecer las relaciones de pareja.

- Nombren a mis dos mejores amigos.
- ¿Qué tensiones enfrento yo en la actualidad?
- ¿Cuál es mi mayor sueño no realizado?
- Menciona uno de mis mayores temores o escenarios desastrosos.
- ¿Cuál es mi forma favorita de pasar la tarde?
- Dime una de mis formas preferidas de relajarme.
- ¿Qué acontecimientos importantes se avecinan en mi vida? ¿Cómo me siento al respecto?
- ¿Qué es lo que más me preocupa?
- Recuérdame mi momento más embarazoso.

Recuperando caminos de conexión. Por turnos, cuéntense sobre algún momento en el que se hayan sentido cercanos e íntimos. Esto puede incluir la intimidad física, pero céntrense en la intimidad emocional y cuando sus corazones se sintieron conectados. Mientras su cónyuge le cuente sobre momentos en que se sintió cerca de usted, hágale preguntas para saber más. Ej. ¿Qué tuvo eso de especial para ti? ¿Por qué crees que te conmovió tan profundamente? ¿Qué sabías sobre ti mismo/a, sobre mí, y sobre nosotros cuando sucedió? ¿De qué maneras podemos cultivar esa cercanía en nuestra vida actual?

Conversaciones para una pareja. Reserven un tiempo sin distracciones para hacerse mutuamente las siguientes preguntas. Si es posible, hagan que este momento sea especial de alguna manera, vuélvanlo algo que les haga ilusión vivir. Pueden tomar notas para recordar lo que dice su pareja.

- ¿Qué cosas hicimos bien al principio de nuestra relación que contribuyó saludablemente a la parte de «nosotros»?
- ¿Se interpuso algo en el camino de que esas cosas sucedieran?
- ¿Qué sería significativo que empezáramos a hacer nuevamente?

Pueden ser cosas que ocurrieron al principio de la relación como comprar flores, vestirse elegantes para una cita, etc. Sean buenos alumnos el uno del otro, aprendiendo y haciendo un balance de lo que la otra persona les comparta. Y lo que es más importante, comprométanse de corazón a realizar esas cosas. Después de la conversación, tómense tiempo para reflexionar. Si les funciona, escriban una breve carta a su cónyuge sobre lo que aprendieron en la conversación, lo que le gusta al uno del otro, y cuál es el compromiso que se renueva entre ustedes. Para otras parejas, puede ser suficiente tener una lista colgada en la nevera o en el calendario enunciando esas cosas que hacían al principio y que tienen intención de repetir.

Lecturas recomendadas

Daring Greatly: How the Courage to be Vulnerable Transforms the Way we Live, Love, Parent, and Lead, por Brene Brown. Nueva York: Avery, 2012

The Science of Trust: Emotional Attunement for Couples, por John Gottman. Nueva York: Norton, 2011.

Siete reglas de oro para vivir en pareja, por John Gottman y Nan Silver. Nueva York: Harmony Books, 2015.

Abrázame fuerte: Siete conversaciones para lograr un amor de por vida, por Sue Johnson. Nueva York: Little Brown and Company, 2008.

Love Sense: The Revolutionary New Science of Romantic Relationships, por Sue Johnson. Nueva York: Little Brown and Company, 2013.

Forever And Always: The Art of Intimacy, por Steven Tracy y Celestia Tracy. Eugene: Wipf and Stock, 2011.

– 3 –

Comunicarse como pareja

Lynne Nelson

Puede que le resulten familiares afirmaciones como estas:

«¡Nunca estamos de acuerdo en nada!»

«¡Siempre te sales con la tuya!»

«¡Estoy harto de esta discusión!»

¿Reconoce alguna? ¿Se pregunta si puede mejorar la comunicación en su matrimonio? Incluso si cree que ya se comunica eficazmente, todavía puede adquirir herramientas para fortalecer su relación. Una mejor comunicación puede alimentar los sentimientos mutuos de amor y de afecto.

En el Génesis, Dios establece que el hombre y la mujer generarán conexión y cercanía entre sí en el matrimonio. Leemos: "...dejará el hombre a su padre y a su madre, se unirá a su mujer, y los dos llegarán a ser uno solo" (Gén. 2:24, NVI). Jesús enfatizó esta unidad afirmando que "una sola carne" en una relación matrimonial es algo que debe respetarse. "Así que ya no son dos, sino uno solo. Por tanto, lo que Dios ha unido, que no lo separe el hombre." (Mat. 19:6, NVI).

En mi consulta, a menudo oigo a las parejas decir: "Es que no nos comunicamos bien el uno con el otro". Eso puede significar peleas, gritos, insultos, y que no resuelvan los desacuerdos. O puede significar que uno de los cónyuges simplemente calla y el otro no sabe lo que piensa o siente. Aprender técnicas para comunicarse eficazmente con su cónyuge lo guiará hacia el desarrollo de la unidad que Dios desea para ambos, y profundizará en el aprecio que se tienen mutuamente.

¿POR QUÉ HAY QUE ESTUDIAR LA COMUNICACIÓN?

Se preguntará: "¿Por qué no puedo ser mi yo natural? Quiero decir lo que pienso cuándo y cómo me apetezca... Quiero ser yo... Cualquier otra cosa se siente antinatural y asfixiante". O quizá usted no ve la necesidad de aprender sobre comunicación. Pero los matrimonios felices no suceden de forma automática. Tenga en cuenta que el cincuenta por ciento de las parejas casadas acaban en divorcio, y muchas de las que permanecen unidas son infelices.[1] Expresar sus emociones y pensamientos sin filtro no sirve realmente mucho para aportar cuidado y respeto a su relación. Más bien, valerse de patrones de comunicación amables y eficaces es fundamental para construir y mantener esa relación de mejores amigos con su cónyuge. Cuando ambos miembros de la pareja crean y mantienen una atmósfera de seguridad, pueden expresar vulnerabilidad y mostrar su auténtico yo.

Dios nos llama a estar equilibrados. "Escucha el consejo, acepta la corrección y llegarás a ser sabio." (Prov. 19:20, NVI). Ustedes se equilibran a medida que adoptan patrones de comunicación prácticos. ¿Dónde aprendemos habilidades de comunicación saludables? No llegamos a la vida con una sabiduría innata sobre cómo lograr este tipo de comunicación. Es posible que hayamos crecido con una comunicación eficaz como modelo. Sin embargo, al igual que estudiamos para prepararnos para nuestras carreras profesionales u otras actividades de la vida, podemos aprender y desarrollar habilidades de comunicación basadas en el respeto y la integridad, que nos permitan honrar nuestros votos matrimoniales.

COMUNICACIÓN BIDIRECCIONAL

La comunicación bidireccional es una característica distintiva de un matrimonio basado en la igualdad y la reciprocidad. Este estilo permite a ambos cónyuges expresarse activamente usando la mente y el corazón que Dios les dio. En la comunicación bidireccional, ambas personas se esfuerzan por entenderse y responder a la otra con consideración y estima. Para ello, hay que tener en cuenta las opiniones, necesidades y deseos de cada uno. Esto no requiere de elocuencia, pero sí de que ambos hablen con claridad, gracia y amabilidad, y que se tomen el tiempo necesario para empatizar con la perspectiva del otro.

En un matrimonio, cada persona aporta su propio conjunto de ideas, sueños y capacidades. Estas diferentes perspectivas propician una situación en la que pueden surgir conflictos. Puesto que hay dos personas distintas implicadas, podemos pensar que el conflicto es una parte habitual, e incluso normal, de una relación sana. Si parece que no hay diferencias entre usted y su cónyuge, es probable que una persona sea dominante y la otra no reconozca sus sentimientos, necesidades y deseos. Cuando existe conflicto, hay que abordarlo, y si no se aborda de una manera que honre a cada persona, entonces conduce a una pérdida de la pasión y del amor; lo que provoca una separación emocional y/o física, y una pérdida evidente de la unidad.

UTILIZAR LA COMUNICACIÓN PARA CONOCERSE, COMPRENDERSE Y EMPATIZAR CON EL OTRO

La comunicación interpersonal tiene dos caras: escuchar y hablar. La parte de la comunicación que consiste en escuchar es tan importante como la que consiste en hablar. La Biblia nos anima a escuchar atentamente a los demás. "Es necio y vergonzoso responder antes de escuchar." (Prov. 18:, NVI). "Mis queridos hermanos, tengan presente esto: Todos deben estar listos para escuchar, pero no apresurarse para hablar ni para enojarse;" (Sant. 1:19, NVI). No es posible que dos personas se comuniquen eficazmente si ambas se limitan solamente a hablar al aire. La importancia de saber escuchar para poder comprender la expresa Rob Lees:

«Cuando la gente busca comprender, es como si dos pares de ojos se fijaran en una sola alma. Ambas partes de la relación se centran en lo que una de ellas intenta comunicar... tienen que tomarse su tiempo para llegar al significado que hay detrás de las palabras. Según mi experiencia, el proceso de comprensión es una de las cosas que más se parecen a una «panacea» en las relaciones... La comprensión por sí misma construye una cercanía que permite que las relaciones crezcan.»[2]

La empatía crece a medida que uno de los cónyuges escucha a su cónyuge y se centra en estar plenamente con él o ella. Demuestra cariño estando presente y escuchando, percibiendo sus sentimientos y necesidades. Marshall Rosenberg describe este tipo de empatía diciendo: "Lo esencial es nuestra capacidad de estar presentes ante lo que realmente ocurre en nuestro interior, ante los sentimientos y necesidades únicos que una persona experimenta en ese preciso momento".[3]

Las conversaciones varían en su significancia y en el grado de impacto que tienen en las personas implicadas. Usted puede elegir el estilo de su debate en función de su importancia. Cuanto más importante parezca un asunto, más cuidadoso y estructurado deberá ser su estilo de conversación.

Menor significancia			Mayor significancia
	_____	_____	_____	_____	
Menor estructura			Mayor estructura

Existen técnicas específicas para ayudarle a oír y a expresarse con eficacia. En el siguiente ejercicio sobre la resolución de conflictos, cada persona se turnará para hablar y escuchar.[4] Es importante brindarse turnos con buena voluntad en el proceso de búsqueda de soluciones o compromisos. El siguiente cuadro incluye conceptos del Instituto Gottman; y de mi propia experiencia ayudando a parejas.

La escucha amable y atenta permite a la otra persona sentirse segura y expresarse con sinceridad. Reconocer el punto de vista del otro no implica que nos deba gustar o que tengamos que estar de acuerdo con lo que expresa, sino que demuestra que tratamos de conocerlos y comprenderlos mejor. Después de que ambos lleguen a un acuerdo, podrán intercambiar ideas para resolver sus dificultades.

Ejercicios para el oyente y el orador

Trabajos de oyente	Trabajos de orador
Posponga su propio interés.	Hable con claridad.
Concéntrese en el orador.	Tómese tiempo para pensar.
Ayude al interlocutor a sentirse seguro frente a su juicio u opinión.	Profundice en sus propios pensamientos y emociones.
Escuche para comprender. Resuelva el problema más tarde.	Exprese sus sentimientos con palabras.
Considere las emociones.	Utilice frases con "yo".
Adopte una postura corporal relajada: mire al interlocutor, no cruce los brazos, no frunza el ceño ni mueva la cabeza negando.	No culpe ni critique. Evite las frases con "usted" acusadoras.

Trabajos de oyente	Trabajos de orador
Valide al interlocutor (asienta con la cabeza, use expresiones amables, "ajá"). No significa que esté de acuerdo, sino que escucha.	Comparta su perspectiva.
Permita pausas o lágrimas. No interrumpa.	Obsérvese mejor a sí mismo mientras habla.
Espere a que se produzca una pausa. Puede hacer preguntas curiosas, parafrasear o pedir aclaraciones.	Exponga con transparencia su necesidad o anhelo.

Hacer buenas preguntas

La manera en que formulamos una pregunta puede abrir y ampliar una conversación, o limitarla y mantenerla reducida. Hay tres tipos de preguntas y cada una da su propio resultado.

Preguntas cerradas. Una pregunta cerrada puede responderse con una palabra. Por ejemplo: "¿Qué tal el día?" "Bien". "¿Te gusta la sopa?" "Sí". "¿De qué color es la pintura?" "Azul". Una pregunta cerrada puede dar lugar a una respuesta sin sentido de una sola palabra, o puede dejar fuera de juego a la otra persona. No da pauta a un debate más profundo.

Preguntas curiosas. La pregunta curiosa es abierta, por lo que abre la puerta a la conversación. No se puede responder con una sola palabra. Invita a seguir debatiendo y expresándose;

no juzga. Demuestra que quien pregunta se interesa por la mente y el corazón de la otra persona. Las preguntas curiosas aumentan el aprendizaje sobre el otro y su perspectiva. Una pregunta curiosa puede llevar a otra pregunta curiosa y, al mismo tiempo, la respuesta de cada uno amplía la conversación. Una conversación de este tipo, con varias idas y venidas, puede ser muy interesante.

He aquí ejemplos de preguntas curiosas:

¿Podría decirme algo más sobre...?

¿Qué partes de... son más importantes para usted?

¿Puede compartir conmigo su objetivo en este ámbito?

Una conversación es una charla entre dos o más partes que comparten pensamientos, sentimientos e información. Una afirmación lleva a otro comentario relacionado con el tema. Las palabras van y vienen como quien bota una pelota de un lado a otro. Las preguntas curiosas facilitan este tipo de conversación.

Lo contrario de una conversación de este tipo es un monólogo en el que una persona vuelca información sobre la otra sin permitir ninguna aportación en respuesta. Una persona que actúa así puede pensar erróneamente que se está comunicando por el simple hecho de mantener el flujo de sus palabras. Es como si el silencio o la reflexión causaran temor, o tal vez esa persona simplemente no está interesada en la otra. Los participantes de esta supuesta conversación no responden al otro ni interactúan entre sí. El monólogo no es una comunicación bidireccional.

Preguntas de tipo por qué. Si lo que se busca es ampliar una conversación, se desaconseja usar preguntas de tipo por qué. Ejemplos de preguntas de este tipo son: "¿Por qué estás tan enfadado?" "¿Por qué no terminaste eso?" "¿Por qué nunca escuchas?" Las preguntas de tipo por qué implican automáticamente desacuerdo o desaprobación sobre la otra persona. Suelen ser acusatorias y pueden dar lugar a una discusión en la que cada parte se empeña en demostrar que tiene la razón.

CUATRO ESTILOS DE COMUNICACIÓN QUE DEBEN EVITARSE

Cómo hablamos y qué palabras elegimos es un poder que puede sanar una relación o destruirla. "En la lengua hay poder de vida y muerte; quienes la aman comerán de su fruto." (Prov. 18:21, NVI). Al considerar cómo usar nuestras palabras en forma positiva, recordemos: "Que su conversación sea siempre amena y de buen gusto. Así sabrán cómo responder a cada uno." (Col. 4:6, NVI).

En su libro *Siete reglas de oro para vivir en pareja*, el Dr. John Gottman identifica cuatro patrones de comunicación que se deben evitar, a los que denomina los Cuatro Jinetes del Apocalipsis.[5] Estos cuatro estilos de interacción están ligados con la destrucción de las relaciones.[6] En la siguiente ilustración,[7] los patrones de los Cuatro Jinetes que se deben evitar se muestran en la columna izquierda, y los métodos (o antídotos) con los que podemos reemplazar a los cuatro patrones negativos se muestran en la columna derecha.

Detenga los Cuatro Jinetes con sus Antídotos

ACTITUD CRITICA ➡ Use planteamiento suave

ACTITUD DEFENSIVA ➡ Acepte Responsabilidad

DESPRECIO ➡ Describa sus propios sentimientos y necesidades, *No describa a su pareja*

ACTITUD EVASIVA ➡ Relájese

A continuación, se analiza cada uno de los "cuatro jinetes" y sus contrapartes.[8] Lo que decimos marca una gran diferencia. Ustedes tienen poder en sus palabras, y deben evitar enemistarse el uno con el otro. Proverbios dice: "Iniciar una pelea es romper una represa; vale más retirarse que comenzarla" (Prov. 17:14, NVI). Aprender herramientas de comunicación positiva puede ayudarles a escapar de muchas discusiones y heridas graves.

CRÍTICA

La palabra crítica supone un contundente ataque al carácter de la otra persona. La crítica culpa a la pareja de los problemas. La crítica implica que la otra persona tiene defectos incorregibles, está equivocada o es mala. Y puede incitar una respuesta defensiva de parte suya. Las afirmaciones críticas suelen ser cosas como: "¿Cómo puedes ser tan tonto?", o "¡Esa idea es ridícula!"

Una crítica es algo distinto de una queja. Una queja es una descripción de algo que no nos gusta y que deseamos que cambie. Las quejas, cuando se expresan con amabilidad, son necesarias para introducir cambios positivos y preservar la armonía en una relación. Una queja se refiere a los deseos en relación con una acción concreta. La crítica es una acusación sobre el carácter de su pareja.

ANTÍDOTO PARA LA CRÍTICA:
EXPRESE UNA CLARA Y EDUCADA QUEJA

Usted quiere hablar con sinceridad, sin culpar ni insultar a su cónyuge. Para conseguir esto debe hablar de forma amable, y recurriendo específicamente a una "Afirmación del Yo". La "Afirmación del Yo" conlleva un proceso de tres pasos:

- Usted *describe la situación* a la que se enfrenta.
- Usted pone sus *emociones en palabras*. Diga a su pareja cómo se siente. Utilice palabras para nombrar sus emociones como: triste, frustrado, ansioso, decepcionado, abrumado, etc.
- Usted *pide* el comportamiento que desea en su cónyuge.

Cuando exprese su "Afirmación del Yo", procure referirse solo a usted mismo y a su experiencia. Solo hable de la situación actual; de cómo se siente. Y solicite el resultado que desea en forma específica. No debe señalar ni culpar a su pareja con una afirmación del tipo: "Yo creo que tú hiciste un mal trabajo". Cuando expresa sus sentimientos, usted invita a su cónyuge a entrar en su mundo emocional. Puesto que los sentimientos los sentimos nosotros y nos pertenecen a nosotros, su pareja no puede negarle legítimamente diciéndole: "No, no, tú no te sientes así" o "No deberías sentirte así".

ACTITUD DEFENSIVA

La actitud defensiva se produce cuando usted contraataca las quejas críticas de su pareja. Es un movimiento de autoprotección, en el que usted se hace pasar por víctima e intenta que su discurso suene más correcto. O bien, la actitud defensiva puede consistir en mencionar repetidamente lo bien que se comporta usted, mientras sigue evitando el problema actual. Las afirmaciones a la defensiva son una forma solapada de culpar a su pareja y desviar la atención del asunto en cuestión. La actitud defensiva no solo no resuelve nada, sino que agrava el problema actual.

ANTÍDOTO PARA UNA ACTITUD DEFENSIVA: TOMAR RESPONSABILIDAD

La forma de evitar caer en una actitud defensiva es asumir la propia responsabilidad en el asunto. Por ejemplo, imaginemos que Mary dice que le molesta el desorden de Joe en la mesa a la hora de cenar. Si Joe aceptara la responsabilidad del desorden y dijera: "Claro, puedo recoger mis cosas antes de la hora de cenar", el asunto estaría resuelto. En cambio, si Joe dijera: "¿Es que nadie me aprecia por aquí?" o "¡Mira tus cosas en el sofá!", no estaría asumiendo su parte de responsabilidad y entonces el problema se agravaría. Otras formas útiles de abordar la queja de nuestra pareja podrían ser preguntas que busquen la comprensión, como: "¿Qué es lo que necesitas?" o "¿Qué te preocupa?" o "¿Cómo puedo ayudarte?"

DESPRECIO

El desprecio es cuando una persona habla desde un sentido de superioridad, poniéndose por encima de su pareja. La persona habla desde la postura de ser mejor que el otro. Puede recurrir a insultos, apodos, humor hostil o frases globalizadoras como "Tú nunca..." o "Tú siempre..." Una actitud despreciativa es especialmente hiriente en una relación.

ANTÍDOTO PARA EL DESPRECIO: RECONOCER LO BUENO DE LA PAREJA

Las Escrituras nos instan a tener una consideración positiva hacia los demás. Deberíamos ser especialmente considerados con nuestras parejas. Leemos: "Ámense los unos a los otros con amor fraternal, respetándose y honrándose mutuamente." (Rom. 12:10, NVI). Por lo tanto, el antídoto contra el desprecio es tratarse con respeto y trabajar de forma proactiva para reconocer y señalar los rasgos positivos de nuestra pareja. Dado que el desprecio es mortal para su relación, recuerde utilizar palabras llenas de amabilidad y agradecimiento con su pareja.

Un medio práctico para que su cónyuge refuerce el aprecio que usted le tiene es responder intencionadamente cuando le hable directamente. Si usted responde...

- Con silencio: su cónyuge sabe que usted decidió ignorarle; esto le hace sentirse poco importante.
- Con indiferencia: su cónyuge se da cuenta de que le ha escuchado, pero simplemente usted no tiene mucho interés.
- Con interés: la relación se refuerza y una conversación puede continuar.

MURO DE PIEDRA

Cuando una persona se retira de la conversación sin resolver ninguna cuestión, está levantando un muro de piedra.

Hay varias formas de levantar un muro de piedra, entre las que están: dejar de participar de forma comprometida en la charla, cambiar el tema, dar la espalda o retirarse físicamente. La conversación puede comenzar con una dura expresión de crítica o desprecio, luego viene una actitud defensiva y, finalmente, uno de los dos se desentiende o levanta un muro de piedra. Después de este punto, la conversación ya no va a ninguna parte.

Las investigaciones revelan que la persona que levanta un muro de piedra se ve invadida por una excitación fisiológica, como una frecuencia cardiaca de más de cien latidos por minuto.[9] Cuando esto ocurre, el cerebro de la persona no puede comprometerse con su capacidad y habilidad habituales.

Si se da el caso de querer levantar un muro, se debe pedir una pausa en la conversación para poder calmarse antes de continuar.

ANTÍDOTO PARA EL MURO DE PIEDRA:
DALE UN RESPIRO A TU MENTE

Observe cómo el escritor de Proverbios nos dirige a considerar sabiamente nuestros caminos: "Herencia de los inexpertos es la necedad; corona de los prudentes, el conocimiento." (Prov. 14:18, NVI). Tenemos que ser prudentes en nuestra conversación. Cuando usted se sienta con demasiada intensidad física y/o emocional para continuar con una conversación, necesita hacer una pausa para poder volver más tarde y sostener una interacción constructiva. El antídoto contra el muro de piedra es tomarse un tiempo y acordar juntos cuándo retomar la conversación. Un descanso mental trae alivio a la mente. Las Tres R siguientes ofrecen formas de calmar su cuerpo y su cerebro. Para permitirle después volver a la conversación.

RESPIRAR - REALIZAR EJERCICIO - REPOSAR LA MENTE:

- Respirar: respire lenta y profundamente (mueva el diafragma, no el pecho).

- Realizar ejercicio para quemar energía: caminar, correr, saltar a la comba, montar en bicicleta, etc.
- Reposar la mente: cambie de actividad mental leyendo o realizando otro proyecto.

Cuando usted hace una pausa para reposar la mente y retomar después la conversación, no bloquea la interacción, sino que se prepara para reanudarla con renovada disposición. Reflexiona sabiamente sobre las posibles opciones. Utilice una de las Tres R durante al menos 20 minutos durante su tiempo de descanso. Retome intencionadamente la conversación a la hora acordada.

LA COMUNICACIÓN EN LA TOMA DE DECISIONES

William D. Spencer y Aída B. Spencer ofrecen un bello modelo de comunicación y toma de decisiones igualitarias dentro de un esquema de poder compartido.[10] Sus métodos honran a cada persona en la relación como iguales; cada una con capacidades, deseos, necesidades e ideas personales.

Los Spencer describen su matrimonio como uno de sumisión mutua. En el que "dos autoridades gobernantes [se] inclinan o se someten la una a la otra porque se inclinan ante una autoridad mayor: Cristo, nuestro Señor".[11] Cada persona se conduce desde su área de talentos y preparación; sus roles no se basan en el género. Ven que Dios encargó a Adán y Eva (hombre y mujer) que gobernaran, sirvieran, protegieran y trabajaran la tierra (Gén. 1:26-28). En su liderazgo compartido, cuando se enfrentan a una decisión personal de gran trascendencia, los Spencer inician la toma de decisiones mediante cuidadosos procesos de comunicación:

1. Participar en la oración.
2. Obtener información y consejo.
3. Escribir sobre los aspectos negativos y los positivos.
4. Recopilar más información si es necesario.
5. Volver a rezar.[12]

A continuación, ellos formulan las siguientes preguntas centradas en su toma de decisiones:

- ¿Qué haría avanzar más el reino de Dios?
- ¿Cómo encaja esta nueva posibilidad con cada uno de nuestros modelos de ministerio y nuestros dones espirituales particulares?
- ¿Puede alguna otra persona hacer esto mejor?
- ¿Cómo afectaría cada elección a cada miembro de nuestra familia?
- ¿Cuánto le costará a nuestra familia? ¿Es un beneficio superior al que podemos dar?

Para los asuntos importantes siempre toman una decisión conjunta. Uno nunca toma una decisión final sobre asuntos importantes que repercuten en la otra.[13][14]

Comunicación en la Resolución de Problemas

El objetivo de la resolución de problemas es llegar a un "sí" que beneficie a ambas personas en la relación. Una forma de lograrlo es utilizando "El arte del compromiso". Esta herramienta está diseñada para explorar los puntos de vista y deseos sobre un tema. Cada uno de ustedes se toma el tiempo para considerar en qué áreas considera que puede tener flexibilidad y en qué otras no. Reduzca al máximo las zonas inflexibles y amplíe al máximo las flexibles. Este ejercicio resulta especialmente útil tras haber compartido mutua y ampliamente sus puntos de vista, turnándose para hablar y escuchar.

El arte del Acuerdo Mutuo[14]

Área Flexible　　　　　　　　**Área Inflexible**

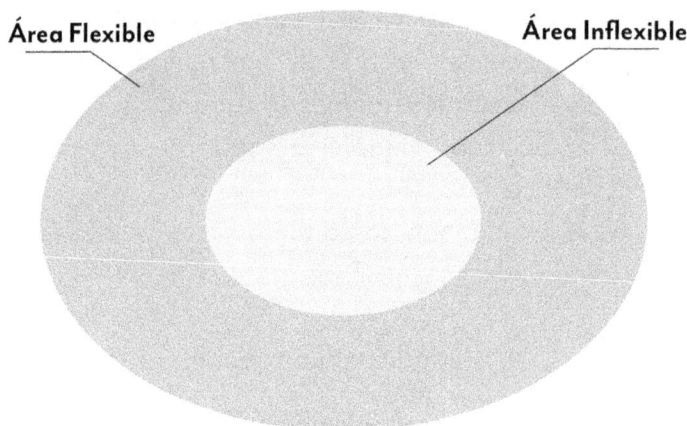

Mi área inflexible o necesidad central en este tema es...

Mis áreas más flexibles en este tema son...

**CEDER PARA GANAR: COMPROMÉTETE CONMIGO COMO SI
FUERA ALGUIEN A QUIEN QUIERES.**

Llegar al "Sí".

Discuta estas cuestiones con su pareja:

- Ayúdame a entender por qué tu zona inflexible es tan importante para ti.
- ¿Cuáles son tus más importantes sentimientos, creencias o valores sobre este tema?
- Ayúdame a entender tus áreas flexibles.
- ¿En qué estamos de acuerdo?
- ¿Cómo pueden alcanzarse estos objetivos?
- ¿Cómo podemos llegar a un compromiso temporal?
- ¿Qué sentimientos tenemos en común?
- ¿Cómo puedo contribuir a satisfacer tus necesidades básicas?
- ¿Qué compromiso honra tanto nuestras necesidades como nuestros sueños?

COMUNICACIÓN TRAS UNA PELEA

Las parejas tendrán inevitablemente áreas de desacuerdo, y no todos los conflictos tienen que ver con cuestiones, o a acciones correctas e incorrectas. Algunas veces, se debe a los diferentes estilos y preferencias de cada quien, y ambos pueden desempeñar un papel en el conflicto. En la medida en que puedan discutir y resolver esas diferencias en el camino de su amistad, podrán profundizar en su conexión, comprender los puntos de vista y las necesidades del otro, generar una mejor relación y evitar así heridas dolorosas en el futuro.

Ser capaz de hablar de la propia experiencia con honestidad, y también de escuchar la perspectiva del otro, forma parte de este proceso. El Instituto Gottman desarrolló un ejercicio para ayudar a las parejas a procesar y evaluar lo ocurrido en una discusión (el ejercicio se presenta en la página siguiente).

Conforme avanzan en el proceso guiado, cada uno habla por sí mismo y también escucha y valida a la otra persona. Se le lleva al punto de elaborar su propia disculpa, y de escuchar la disculpa de su pareja. Luego, cada uno tiene la opción de aceptar dicha disculpa, o de exponer qué de su cónyuge necesita más. Una discusión de cinco minutos puede tardar hasta una hora en procesarse. La inversión de tiempo se traduce en un mayor nivel de comodidad y capacidad para trabajar con la pareja y confiar en ella.

EJERCICIO EN PAREJA LUEGO DE UNA PELEA O UN INCIDENTE LAMENTABLE[15]

Este ejercicio sirve para "procesar" peleas pasadas, incidentes lamentables o heridas emocionales anteriores. "Procesar", significa que usted puede hablar del incidente sin volver a entrar en la discusión. Tiene que ser una conversación, como si ambos estuvieran sentados en el balcón de un teatro mirando el escenario donde ocurrió la acción. Esto requiere *calma* y cierta distancia emocional del incidente.

Antes de empezar, usted debe tomar en cuenta que el objetivo es lograr una mayor comprensión -abordando el proceso y hablando sobre el tema- sin volver a iniciar la pelea. Así que, espere hasta que ambos estén calmados.

Entendemos que cada una de sus realidades tiene validez. La percepción lo es todo. No se centren en "los hechos". Presten atención a los obstáculos habituales en su comunicación, y a los posibles antídotos, a medida que avanzan en el proceso. Tener a mano el diagrama de los "Cuatro Jinetes" puede ayudar.

PRIMER PASO: SENTIMIENTOS.

Comparta cómo se sintió, sin decir por qué se sintió de esa manera. Evite hacer comentarios sobre los sentimientos de su pareja (en la página siguiente encontrará sugerencias).

Yo me sentí... / Yo sentí... / Yo sentí que...

A la defensiva	Triste, sin amor
No escuchado/a	Incomprendido/a
Con los sentimientos heridos	Criticado
Totalmente desbordado/a	Como si se tomara mi queja
Enfadado/a	en forma personal, como

si no te gustara o no te
importara
Preocupado/a
Asustado/a, inseguro/a
Tenso/a
Tenía razón y tú no
Ambos estábamos (parcial o
totalmente) fuera de control
Frustrado/a
Indignado/a
Molesto/a
No apreciado/a
No querido/a
Poco atractivo/a
Estúpido/a
Moralmente indignado/a
Dado por sentado
Como abandonado/a
Con ganas de quedarme y
hablar de esto
Estaba abrumado/a por la
emoción

Intranquilo/a
Obstinado/a
Impotente
No tuve ninguna influencia
Yo quería ganar
Mis opiniones ni siquiera
importaban
Hubo mucho toma y daca
No tenía ningún sentimiento
No tenía ni idea de lo que
sentía
Solitario/a
Alienado/a
Avergonzado/a
Culpable
Abandonado/a
Desleal
Agotado/a
Tonto/a
Arrepentido/a
Conmocionado/a

Segundo paso: Realidades.

Hablen de su "realidad" por turnos. Resuman y validen al menos una parte de la realidad de su pareja.

Realidad subjetiva y validación

1. Describan sus percepciones, su propia realidad de lo ocurrido durante el incidente. Descríbanse ustedes mismos. No describan a su pareja. Eviten los ataques y las culpas. Hablen de lo que podrían haber necesitado del otro. Hablen de sus percepciones como haría un reportero, dando una descripción objetiva punto por punto. Digan «Te oí decir» en lugar de «Tú dijiste».

2. Resuman y validen la realidad de su pareja diciéndole: «Para mí tiene sentido cómo tú veías esto y cuáles eran tus percepciones y necesidades; lo entiendo». sean empáticos mediante frases como como: «Entiendo por qué esto te ha molestado». La validación no significa que usted esté de acuerdo, sino que puede entender, aunque sea en parte, la experiencia de su pareja sobre el incidente.

3. ¿Se sienten comprendidos ambos miembros de la pareja? Si es así, sigan adelante. Si la respuesta es no, pregúntense: «¿Qué necesito saber para entender mejor su perspectiva?» Luego, pregunten a su pareja: «¿Entendí todo bien?», «¿Hay algo más?»

TERCER PASO: DESENCADENANTES.

Compartan qué experiencias o recuerdos tuvieron en sus vidas antes, que podrían haber intensificado la interacción, y las razones de por qué son desencadenantes para cada uno.

Mientras rebobinan la cinta de vídeo de su memoria, deténganse en un punto en el que hayan tenido sentimientos similares desencadenados en el pasado. Cuéntense con detalle la historia de ese momento pasado, para que puedan entender por qué es un desencadenante para ustedes.

Compartan sus historias, ayudará a su pareja a comprenderles. Cuando piensan en alguna historia de la infancia, ¿hay algo que recuerden relacionada con lo que se desencadenó dentro de ustedes durante el problema o discusión que encaje en las llamadas "vulnerabilidades duraderas"? Su pareja necesita conocerle más para ser más sensible con usted.

Ejemplos de desencadenantes:

Me sentí juzgado/a.	Me sentí solo/a.
Me sentí excluido/a.	Me sentí menospreciado/a.
Me sentí criticado/a.	Me sentí no respetado/a.
Me sentí desbordado/a.	Me sentí impotente.
Me sentí avergonzado/a.	Me sentí fuera de control.

Valídense, ¿algo de los desencadenantes y de la historia de su pareja tiene sentido para usted?

Cuarto paso: Responsabilidad.

Admita su propia contribución a la pelea o al incidente lamentable. Reconozca que, en condiciones distintas, podría haberlo hecho mejor respecto a ese tema.

1. ¿Qué me llevó a la falta de comunicación? Cuéntenos cómo se metió en el conflicto. Lea en voz alta los puntos de la siguiente lista que le hayan parecido verdaderos:

Últimamente estoy muy estresado/a e irritable.

No expresé mucho aprecio hacia ti últimamente.

Te he dado por sentado/a.

Estuve demasiado sensible últimamente.

Fui demasiado crítico/a últimamente.

No compartí mucho de mi mundo interior.

No estuve emocionalmente disponible.

Me estuve apartando a menudo.

Me disgusté con facilidad.

Estuve deprimido/a últimamente.

He tenido una sensación de resentimiento.

No he sido muy cariñoso/a.

No saqué tiempo para hacer cosas lindas entre nosotros.

Últimamente no fui un/a bueno/a oyente.

No pedí lo que necesitaba.

Me estuve sintiendo un poco como un/a mártir.

Necesitaba estar solo/a.

No quería cuidar de nadie.

Estuve muy preocupado/a.

No he sentido mucha confianza en mí mismo/a.

Estuve actuando por inercia.

2. ¿De qué se arrepiente concretamente? ¿Cuál fue su contribución al incidente?

3. ¿De qué desea disculparse? (Lea en voz alta los ejemplos de la página siguiente)

Siento mucho que:

Haya reaccionado
exageradamente.

Haya sido tan gruñón/a.

Me haya puesto a la
defensiva.

Haya sido tan negativo/a.

Otros...

4. Si usted acepta las disculpas de su pareja, dígaselo. Si no, dígale qué cosa sigue necesitando.

Quinto paso: Planes constructivos.

Ideen juntos cómo cada uno pueda hacerlo mejor la próxima vez. Comparta una cosa que crea que su pareja pueda hacer para que la situación sea mejor la próxima vez. (Es importante que mantenga la calma mientras hace esto). Luego, cuando sea su turno, comparta una cosa que usted pueda hacer para mejorar la próxima vez. ¿Qué necesita para poder dejar esto atrás y seguir adelante? Acepte en la medida de lo posible los planes que le sugiera su pareja. Escriba su plan para mejorarlo:

Conclusión

Al poner en práctica estas pautas de comunicación, ustedes, como cónyuges, estarán más preparados para:

- Crear un lugar seguro para disfrutar de la vida en pareja y mantener su amistad.
- Desarrollar un profundo entendimiento y conocimiento mutuo.

- Honrar los anhelos profundos y subyacentes del otro.
- Gestionar los conflictos actuales.
- Resolver sus problemas y poder enfrentarse a mayores conflictos.
- Ser un modelo de comunicación amable y eficaz con su familia y con los demás.

Al seguir estos patrones de comunicación, ustedes estarán poniendo en práctica las Escrituras que nos animan a edificarnos los unos a los otros dentro del Cuerpo de Cristo: "Por eso, anímense y edifíquense unos a otros, tal como lo vienen haciendo." (1 Tes. 5:11, NVI). Del mismo modo, Pablo dice: "Por lo tanto, esforcémonos por promover todo lo que conduzca a la paz y a la mutua edificación." (Rom. 14:19, NVI).

Cuando ustedes se honran mutuamente en el matrimonio utilizando técnicas de comunicación positiva que los animan y elevan el uno al otro, profundizan la unidad de su relación. La inversión de tiempo y energía en el aprendizaje y el desarrollo de las habilidades comunicativas necesarias aportará satisfacción y paz en la interacción mutua.

Preguntas para el debate y la reflexión

1. ¿Qué estilo positivo de comunicación ya utilizan como pareja?
2. ¿Qué estilos de comunicación problemáticos tienden a utilizar?

3. ¿Cuáles son los elementos de una buena escucha?
4. ¿Cuáles de las sugerencias prácticas creen que podrían empezar a aplicar en el corto plazo?

LECTURAS RECOMENDADAS

Siete reglas de oro para vivir en pareja, por John M. Gottman y Nan Silver. Nueva York: Harmony, 2015.

Comunicación no violenta: Un lenguaje de vida, (3ª. ed.), por Marshall B. Encinitas Rosenberg. CA: Puddle Dancer Press, 2015.

Fighting for Your Marriage: Positive Steps for Preventing Divorce and Preserving a Lasting Love, por Howard Markman, Scott Stanley y Susan L. Blumberg. San Francisco: Jossey-Bass Inc., Publishers, 1994.

– 4 –

Cuestiones de dinero

David M. Nelson

Las cuestiones relacionadas con la gestión financiera son causa de fricción en muchas relaciones. Para muchas personas, el dinero es un tema incómodo. Despierta muchas emociones. Nos vuelve locos, envidiosos, felices, desgraciados y, a veces, un poco hostiles. Una pareja introduce en su relación patrones que ha observado en sus padres o, si se ha vivido en adultez y soltería durante varios años, algunos que ha establecido por sí mismo/a. Estos patrones pueden incluir puntos de vista muy diferentes sobre cuestiones como: el gasto frente al ahorro, los préstamos y las compras a crédito, las contribuciones caritativas, ganarse la vida y las decidir sobre el equilibrio entre la vida laboral y personal.

Este capítulo ofrece una orientación basada en las Escrituras sobre cómo una pareja puede resolver cuestiones importantes relativas a las finanzas familiares dentro una relación igualitaria.

La administración y nuestra actitud ante las posesiones

En el primer versículo del primer capítulo del primer libro de la Biblia leemos: "En el principio creó Dios el cielo y la tierra".

(Gén. 1:1) y en el libro de los Salmos, el salmista David dice: "Del Señor es la tierra y cuanto ella contiene; el mundo y todos sus habitantes" (Sal. 24:1). Dios nos ha confiado toda su creación, y tenemos que comenzar siendo el hombre y la mujer en la relación del matrimonio que se establece en el Génesis. Él nos pide que seamos buenos administradores de la creación. Nos ha dado a cada uno diferentes habilidades y capacidades, diferentes áreas de influencia y control sobre ciertos recursos.

En el Nuevo Testamento, Jesús subraya la importancia de ser un administrador fiel de lo que se le ha confiado en la parábola de los talentos (véase Mat. 25:14-30). La parábola también indica que, a medida que administremos bien lo que se nos ha otorgado, se nos dará más. Jesús incluso dice que la forma en que gestionamos la riqueza mundana es un campo de pruebas donde demostramos si se nos pueden confiar las verdaderas riquezas espirituales:

«A quien se le puede confiar muy poco, también se le puede confiar mucho, y quien es deshonesto con muy poco, también será deshonesto con mucho. Así pues, si no has sido digno de confianza en el manejo de las riquezas mundanas, ¿quién te confiará las verdaderas?» (Lc. 16:10-11)

Cómo unir competencias diversas en la toma de decisiones financieras

La base para la toma de decisiones financieras es reconocer que somos administradores de la creación de Dios. Esta actitud mutuamente compartida sienta las bases de todas las demás decisiones, como trabajar y ganar dinero, dar, gastar y ahorrar. Cuando seguimos fielmente el plan de Dios, Él promete satisfacer todas nuestras necesidades "según sus riquezas, con la gloria que os dé en Jesucristo" (Fil. 4:19).

A partir de la comprensión compartida de la administración, cada persona de la relación aporta sus diferentes capacidades y fortalezas a la gestión financiera. Una persona puede tener un salario mucho más alto o un mayor conocimiento de las oportunidades de ahorro e inversión; otra puede saber más sobre las necesidades y las ocasiones para dar, o puede ser más hábil en el manejo de los aspectos prácticos del dinero. Cada pareja debe tener en cuenta las aptitudes de cada uno, y repartirse los papeles dentro de la vida financiera en común, según las dotes e inclinaciones de cada uno. Cuando una de las partes tiene más experiencia que la otra, la comunicación abierta con honestidad y transparencia da lugar a decisiones tomadas de mutuo acuerdo. Aunque las responsabilidades se repartan, las grandes prioridades económicas deben establecerse conjuntamente. Además, al conocer los puntos fuertes y las capacidades de cada quien en la toma de decisiones monetarias, la pareja también puede identificar las áreas en las que podría necesitar recurrir a asesores.

DISCUTA

- En el ámbito de la gestión financiera, ¿cuáles son sus puntos fuertes?
- ¿Qué experiencia aporta usted a este ámbito?
- ¿Hay áreas en las que ninguno de los dos tenga experiencia? ¿Cómo pueden encontrar la ayuda que necesitan?
- ¿Cómo pueden complementarse en la gestión de los recursos?

COMPONENTES DE GESTIÓN FINANCIERA

El problema económico fundamental al que se enfrenta la humanidad es el de la escasez. Los anhelos materiales que tenemos como seres humanos muchas veces superan nuestros recursos, por lo que tenemos que elegir cómo utilizarlos para satisfacer mejor nuestros deseos y necesidades. Las decisiones de administración están relacionadas con obtener los recursos que necesitamos para satisfacer las necesidades que tenemos, gestionar dichos recursos y, a continuación, decidir cómo usarlos correctamente. Las Escrituras ofrecen información sobre cada una de estas áreas.

GANARSE LA VIDA

Dios hizo del trabajo una parte importante de la vida, y es el medio principal por el que la mayoría de nosotros obtenemos los recursos que necesitamos. Cuidar y atender el jardín del Edén fue una tarea asignada por Dios antes de la Caída, y se nos dice que en el cielo habrá un trabajo que haremos. La Biblia contiene numerosos versículos que advierten sobre la pereza; y sobre las graves consecuencias de ser una persona perezosa.

Proverbios 10:4 lo resume de forma sucinta: "La mano desidiosa produce la mendicidad; pero la mano activa acumula riquezas". Para honrar a Dios y a los demás, así como para disponer de los recursos necesarios para satisfacer nuestras necesidades y de otros, es importante que utilicemos bien nuestro tiempo realizando actividades productivas. Utilizar bien nuestro tiempo significa encontrar un equilibrio entre ser diligentes en el *trabajo* que hacemos para ganarnos la vida, y la *vida* que llevamos como hijos de Dios. Dios estableció el principio del Sabbath para darnos un descanso del trabajo. Al igual que queremos evadir la pereza y la desidia, queremos evitar convertirnos en adictos al trabajo.

En los últimos doscientos años, el mundo laboral se ha transformado mucho según los avances tecnológicos. Y el uso de energía fiable y barata ha dado cada vez más importancia a la capacidad intelectual frente a la fuerza bruta. La diferencia salarial entre las personas con estudios secundarios y las que tienen estudios universitarios o de postgrado ha aumentado con el tiempo. Los empresarios quieren contratar personas que sepan manejar la tecnología actual, que sean íntegras y honestas, que tengan buenas dotes de comunicación oral y/o escrita, sepan trabajar bien con los demás, que tomen iniciativa y sean diligentes en su esfuerzo laboral, y que sepan resolver problemas. Obtener habilidades para ser un empleado calificado o para triunfar en un negocio propio requiere una inversión sustancial en educación y formación, generalmente mediante un sacrificio considerable.

¿Cómo aborda una pareja igualitaria las cuestiones relacionadas con la vocación en la vida? Una sugerencia es que cada individuo de la relación responda a las tres preguntas presentadas en el diagrama circular de la página siguiente. Después, platiquen entre ustedes acerca de sus pensamientos y sueños, y recen para que Dios les guíe. Trabajen para trazar un plan que permita a cada uno de ustedes, como individuos y como pareja, desarrollar el potencial que Dios dispuso para ustedes.

Es probable que haya compensaciones del tipo: "Yo trabajaré para que tú puedas terminar la carrera de enfermería y, una vez que consigas trabajo, volveré a estudiar y obtendré la formación que necesito para ser profesora". En un matrimonio nunca debe haber una actitud de superioridad por la posición o los ingresos de uno de los cónyuges. Se produce mucho daño cuando uno de los dos tiene una opinión más elevada de sí mismo respecto al otro; o se siente más merecedor que el otro. Tal vez haya oído a alguien decir: "Yo soy quien trae el sueldo a casa, así que yo decido cómo usarlo". Esta actitud irreflexiva y egoísta demerita el valor del otro miembro de la pareja, y es destructiva para la comunidad matrimonial.

Es igualmente destructivo cuando uno es perezoso y desidioso, "gorroneando" al otro. Aunque es probable que los ingresos obtenidos sean diferentes entre los miembros de la pareja, debe haber un equilibrio en la contribución global que aportan a la relación y hacia los objetivos que han establecido.

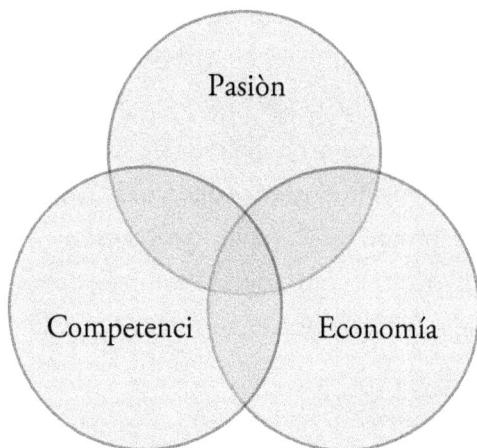

Pasiòn

Competenci

Economía

Puesto que el trabajo es una parte tan importante de la vida y ocupa gran parte de nuestro tiempo, lo ideal es que se encuentre en la intersección entre la pasión, la competencia y la economía. ¿Qué le apasiona a usted? ¿En qué es o puede llegar a ser realmente bueno? ¿Hay demanda de esta habilidad en el mercado? Si usted se está preparando para iniciar en el mundo laboral, busque una oportunidad en la que pueda responder afirmativamente a estas tres preguntas. Si ya está trabajando, evalúe su ocupación actual y compruebe si se encuentra en el punto óptimo, es decir, en dicha intersección. Si no se encuentra en ese punto óptimo, ¿dónde está? Si siente pasión por un área y podría obtener un rendimiento monetario significativo por su esfuerzo en ella, ¿qué puede hacer usted para adquirir las competencias necesarias para que su pasión rinda frutos? (Ejemplo: Me encanta ayudar a la gente a afrontar los retos de la vida, y si fuera terapeuta de salud mental licenciada, podría ganarme la vida con ello. Para conseguirlo, tendré que obtener un máster en un campo apropiado y aprobar un examen estatal para obtener la licencia).

¿Y si le apasiona una actividad y sabe que puede llegar a ser realmente bueno en ella, pero en el mercado hay poca demanda de esas habilidades? Las personas apasionadas por el deporte, por los animales, la música, el ocio o el arte, por ejemplo, pueden encontrarse en esta situación. En estos lugares hay pocos individuos que consiguen que la economía les funcione a lo grande, pero para la mayoría el camino hacia el éxito es pedregoso y puede llevar a un callejón sin salida. Es una situación difícil y no hay respuestas sencillas. Para algunos, perseguir su pasión por encima de todo es lo más importante, aunque eso signifique vivir bajo un estándar económico inferior. Otros pueden encontrar un modo para que su pasión y competencia conecten con la economía de la vida. Por ejemplo, si le gustan los deportes (o la música, o el arte) pero es improbable que logre llegar a ser un profesional remunerado en ese campo, ¿hay forma de combinarlo con otra habilidad, como ser educador, para que la economía funcione?

¿Y qué ocurre si usted es hábil en un área en la que hay demanda de sus servicios, de modo que el dinero fluye, pero le hace falta pasión por lo que hace? Esta es la situación de muchas personas. Aunque puede que no sea óptima, le proporciona la base financiera que le permite dedicarse a las actividades que le atraen durante su tiempo libre. Muchos optan por ocupar su tiempo libre en actividades que les agraden o que estén al servicio de los demás, pero que no les reportan beneficios económicos.

GENEROSIDAD

Así como los padres se deleitan en proveer a sus hijos, Dios se deleita en proveernos a nosotros. Él quiere que podamos satisfacer nuestras necesidades, y que seamos testigos del mundo de alegría que resulta de seguirle. A medida que seamos fieles en el uso de los recursos que Dios nos ha confiado, nos confiará más. Si solo estamos abiertos a recibir de él, pero no a bendecir a los demás con lo que se nos ha dado, corremos el riesgo de convertirnos en un mar salado y muerto con una entrada, en lugar de un hermoso lago de agua dulce con entrada y salida. Pensar en la obra divina y en las necesidades de los demás como base de la gestión financiera nos ayuda a recordar que somos administradores de lo que Dios nos ha brindado.

Lucas cita a Jesús diciendo: "Dad, y se os dará; dad abundantemente y se os echará en el seno una buena medida, apretada y bien colmada hasta cuando se derrame. Porque con la misma medida con quien midiereis a los demás, se os medirá a vosotros" (Lc. 6:38). Dios pide que nos desprendamos de la parte superior y no de lo que sobra en la parte inferior:

"Honra al Señor con tu hacienda, y ofrécele las primicias de todos tus frutos. Con esto tus graneros se colmarán de granos, y rebosará el vino en tus lagares" (Prov. 3:9-10).

En la Biblia se describen varios tipos de ofrendas. Una es dar como alabanza a Dios. El Antiguo Testamento lo ilustra muy bien, contándonos que el pueblo daba una ofrenda voluntaria para la construcción del Tabernáculo (Éx. 25:1-2). Y también el Nuevo Testamento, donde se nos habla de una mujer que ungió a Jesús con un perfume muy caro (Mat. 26:6-13).

El diezmo (dar el diez por ciento de los ingresos a Dios) es un principio anterior a la ley de Moisés (véase Gén. 14:17-20 y 38:20-22) y es un ámbito en el que Dios mismo nos invita a confiar plenamente en su provisión (Mal. 3:8-10).

En el Nuevo Testamento Jesús reconoce a los líderes religiosos por dar el diezmo, pero les amonesta por no guardar aspectos más importantes de la ley como la justicia, la misericordia y la fidelidad. Les dijo que debían hacer ambas cosas (Mat. 23:23).

Otra área en la que se nos instruye para dar es en ayudar a otros cristianos que se encuentran en necesidad (Rom. 12:13). El objetivo es reconocer que, como cristianos estamos en comunidad para apoyarnos mutuamente.

Además de apoyar a los demás cristianos, las Escrituras dejan claro que ayudar a los pobres es otra prioridad. Al hablar del futuro reino de los cielos, Jesús esclarece que lo que hacemos por los pobres lo hacemos a él. En Mateo 25, dice: "Tuve hambre y me disteis de comer... Siempre que lo hicisteis con algunos de estos mis más pequeños hermanos... conmigo lo hicisteis".

Como creyentes en Cristo, estamos llamados a dar con el fin de invertir según el evangelio y de apoyar a tiempo completo a los trabajadores cristianos. Al escribir a la Iglesia de Corinto, Pablo pregunta: "¿No sabéis que los que sirven en el templo, se mantienen de lo que es del templo, y que los que sirven al altar, participan de las ofrendas? Así también dejó el Señor ordenado que los que predican la buena nueva, vivan de ello" (I Cor. 9:13–14).

Dar nos ayuda a enfocarnos en algo más que en nosotros mismos, y favorece los propósitos de Dios en la tierra. Podemos dar como alabanza a Dios, para apoyar a otros creyentes necesitados, para ayudar a los pobres y para participar en la difusión del Evangelio. Cuando una persona da lo que no posee (porque ya pertenece a Dios), en realidad está transfiriendo la responsabilidad de la mayordomía a otra parte.

En el matrimonio, es importante que ambos cónyuges sean capaces de reflexionar sobre cuestiones relacionadas con las donaciones, de debatir estos asuntos abierta y honestamente presentando cada uno sus ideas, y de trabajar para llegar a un acuerdo sobre los niveles y prioridades de las aportaciones domésticas.[1] He aquí algunas preguntas que se deben considerar:

- ¿Qué piensa usted sobre tomar una parte de lo que ganamos en familia y donarlo? ¿Qué cantidad o porcentaje de ingresos debemos destinar a donaciones?

- Si damos el diez por ciento de nuestros ingresos, ¿cuánto es en dólares al año? ¿Qué diferencia hay con nuestras últimas donaciones?

- Si actualmente tenemos problemas para llegar a fin de mes, ¿qué ajustes podemos realizar para incrementar nuestras donaciones?

- ¿Qué objetivo de donación a largo plazo podemos establecer (algo que pueda parecer imposible dadas nuestras circunstancias actuales)?

- ¿Cómo podemos ofrecer tiempo, habilidades y otros recursos como parte de nuestra generosidad?

Una vez que la pareja ha establecido un plan de donaciones, el siguiente paso es pedir en oración para el destino de los fondos. Las donaciones pueden incluir la Iglesia, los ministerios cristianos y otras áreas de pasión (como las personas sin hogar, las campañas contra la trata de seres humanos, las artes, la educación, etc.).

Si usted forma parte de una iglesia local, esta iglesia comparte el Evangelio y le equipa y anima en su fe, es probable que quiera destinar una parte significativa de sus donaciones allí. Las donaciones para su iglesia pueden incluir el apoyo al presupuesto general, así como a misiones o proyectos especiales.

Ahora, mire más allá de su iglesia, a otras organizaciones sin ánimo de lucro que puede haber en su comunidad o en todo el mundo. Es probable que estas organizaciones tengan un objetivo específico, como la evangelización mundial, la educación cristiana, la lucha contra el hambre, la ayuda a los que no tienen hogar, la distribución de la Biblia, la promoción bíblica de igualdad de género, el ministerio penitenciario, la traducción de la Biblia, la ayuda en caso de catástrofe, el agua potable, el ministerio médico, el refugio para los pobres, el apadrinamiento de niños, la rehabilitación de personas con adicciones, la ayuda a las víctimas del tráfico sexual o de abusos domésticos, entre muchos otros.

El enfoque de estos ministerios ofrece una oportunidad para nosotros como creyentes de entrar más profundamente en nuestras comunidades, en todo el país, y en el mundo con un objetivo claro en mente.

Considere la posibilidad de apoyar ministerios que coincidan con sus intereses y pasiones.

- ¿Qué ministerios fuera de nuestra iglesia despiertan nuestro interés?
- ¿Se apoya el ministerio en razones bíblicas para dar?
- ¿Utiliza el ministerio sus fondos con sabiduría?[2]
- ¿Qué compromiso financiero y/o de tiempo queremos establecer con las organizaciones que seleccionamos?

Cuando hablen sobre dar juntos como pareja, es probable que haya áreas en las que ambos estén entusiasmados por apoyar y otras en las que uno de los dos muestre más interés.

Una forma de decidir cómo distribuir las donaciones es que ambos enumeren la cantidad que les gustaría donar a cada organización y que el total sea igual a su presupuesto compartido de donaciones.

Comparen sus cifras y discútanlas entre ustedes, trabajando para llegar a una que honre y respete los puntos de vista de cada individuo. En algunos casos, cuando uno de los miembros de la pareja se entera de lo importante que es para el otro un área concreta de donaciones y por qué, quiere naturalmente aumentar su propia asignación monetaria a esa área. En otros casos, la solución puede ser elaborar una media de las cantidades que cada uno ha dado por separado. Si busca donar regularmente para apoyar a su iglesia y a otras organizaciones, puede que quiera minimizar la "tarea" de dar, que puede tomarle mucho tiempo. Una forma de eliminar la molestia de escribir un cheque regularmente es establecer un aporte mensual automático desde su cuenta bancaria por la cantidad que desea aportar. (Si realiza una cantidad considerable de donaciones a muchos lugares, quizá le interese contemplar a una organización que haga el trabajo por usted). Si establece un sistema de donaciones automáticas, tómese el tiempo de revisar periódicamente el destino de los fondos y comprobar si coinciden con sus prioridades en materia de donaciones. Si desea donar a una organización mediante un cheque individual, puede reducir el factor tiempo extendiendo cheques con menos frecuencia y por un importe mayor. Si usted dona por su cuenta, tal vez quiera tener una cuenta de ahorros separada, de modo que cuando surjan causas especiales que quiera apoyar, cuente con fondos reservados para ello.

GASTO INTELIGENTE

Vayamos a donde vayamos y hagamos lo que hagamos, nos bombardean con anuncios de productos y servicios. Madison Avenue trabaja duro para convencernos de que necesitamos muchos productos. Tienen una forma ingeniosa de tomar un artículo tan básico como la pasta de dientes y acabar ligándola con el atractivo sexual. Para la mayoría de nosotros es mucho más fácil gastar dinero que ganarlo. Cuando los presupuestos son limitados y dos personas en pareja tienen opiniones diferentes sobre el gasto, es crucial establecer normas de gasto. Sin esto, su relación se verá en desacuerdos sobre la administración del dinero. Es particularmente difícil cuando una de las partes gasta dinero en algo para su propia satisfacción sin contar con la aprobación de la otra parte (o siquiera sin haberla consultado). Cuando ambos trabajan juntos y buscan llegar a acuerdos sobre el uso del dinero, se contrarresta el impulso natural a gastar en exceso.

Un presupuesto es un plan que garantiza que el dinero que ganamos se destine a las prioridades que hemos establecido. Ambos miembros de la pareja deben participar en la elaboración del presupuesto doméstico. Comiencen con sus fuentes de ingresos, y resten los fondos que han decidido dar, y luego los que son necesarios para pagar impuestos. La cantidad restante estará disponible para solventar los gastos corrientes, disponer de un fondo de amortiguación para hacer frente a deudas y a desembolsos más importantes y menos frecuentes, y para ahorrar e invertir a largo plazo.

Los gastos de manutención pueden dividirse en fijos (por ejemplo, el pago mensual de la hipoteca, el seguro) y variables (gasolina, comida, ropa). Recuerde hacer un seguimiento de lo que se gasta en cada área. Si es difícil llegar a fin de mes, afile el lápiz para apuntar oportunidades de estirar su presupuesto. Esto puede implicar un cambio en el estilo de vida para reducir o eliminar un gasto fijo (como un cambio de vivienda o de vehículo) o puede significar prestar más atención a los gastos variables.[3]

Asignaciones presupuestarias sugeridas

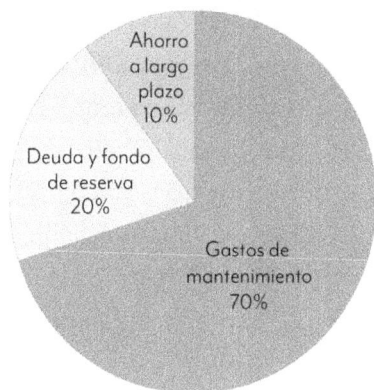

Ahorro
a largo
plazo
10%

Deuda y fondo
de reserva
20%

Gastos de
mantenimiento
70%

Para compras mayores, tómense el tiempo de pedir en oración por un mejor gasto como pareja y evalúenlo. Si no están de acuerdo, esperen. A continuación, figuran algunas preguntas sobre una compra propuesta:

- ¿Esta compra promueve la unidad familiar? ¿Estamos de acuerdo ambas partes?
- ¿Contribuye positivamente al tiempo en familia, al crecimiento espiritual o a otro valor familiar?
- ¿Su valor aumenta o disminuye con el tiempo?
- ¿Tiene un precio razonable?
  - ¿Es el mejor momento para comprar?
  - Si se trata de una oferta, ¿es un modelo actual?
  - Si se trata de una oferta, ¿se ahorra realmente dinero o es una estrategia de marketing?
- ¿Se puede sustituir por otro artículo?
- ¿Hay gastos recursivos que debamos presupuestar?
- ¿Podemos permitirnos esto y realmente lo necesitamos?

Cuanto más importante sea la compra, más tiempo habrá que dedicar a responder a las preguntas anteriores. Aunque una de las partes de la relación pueda tomar la iniciativa en la búsqueda de la respuesta a una pregunta o a más, es importante que la información obtenida se presente con veracidad a la otra parte y que ambas lleguen a un acuerdo antes de tomar una decisión. Como principio general, cuanto más significativa sea la compra, más importante es que se llegue a un acuerdo.

Para dar a cada uno cierta libertad financiera individual, incluyan alguna cantidad de "dinero loco" en su presupuesto mensual. Se trata de dinero que cada persona puede destinar a pequeñas compras que ella elija, ya sea una pedicura, una entrada para un evento deportivo o un café expreso. La clave está en ponerse de acuerdo sobre el importe en dólares, y que ese importe se incluya en el presupuesto.

¿Qué pasa con los préstamos y las compras a crédito? La amplia disponibilidad del crédito al consumo ha hecho posible que los hogares realicen compras ahora y las paguen más tarde. Las cargas financieras pueden suponer una grave tensión para la economía familiar y una importante carga emocional para la relación. Cuando una pareja está profundamente endeudada, le resulta difícil alegrarse por la provisión de Dios y ser generosa en sus donaciones. El apóstol Pablo anima a los creyentes: "No tengáis otra deuda con nadie, que la del amor que os debéis siempre unos a otros" (Rom. 13:8). Proverbios nos advierte: "El rico manda al pobre; y quien toma prestado se hace siervo de aquel que le presta" (Prov. 22:7). La deuda puede crear una situación de esclavitud en lugar de la libertad que Dios quiere para nosotros como hijos suyos. Si usted y su pareja están planeando una compra financiada a crédito, comente las preguntas anteriores y, a continuación, formúlense las siguientes:

- ¿Es esencial para nuestro trabajo (por ejemplo, un ordenador)?
- ¿Podemos comprar el artículo usado y no endeudarnos (por ejemplo, un vehículo)?
- ¿Hemos orado sobre la compra, examinado nuestras motivaciones y buscado el consejo de Dios?

- ¿Cómo ajustaremos nuestro presupuesto futuro para pagar la deuda contraída en el menor tiempo posible?
- ¿A largo plazo resulta mejor alquilar o comprar (si se planea adquirir una vivienda)?
- ¿Estamos de acuerdo en el curso de acción previsto?

El fondo de amortiguación y deuda sugerido anteriormente está diseñado para acumular capital con el cual hacer compras más grandes y menos frecuentes, como un electrodoméstico o un vehículo, o para pagar una deuda existente. Si no tienen deudas (aparte de los gastos hipotecarios de su vivienda), utilicen el dinero que se acumula en este fondo. Si tienen deudas, utilicen el fondo para saldarlas lo antes posible.

El pago de las deudas requiere de una estrategia disciplinada. A la vez que cumplen con el pago mínimo exigido en cada préstamo, apliquen un pago mayor al préstamo que tenga el tipo de interés más alto. Una vez liquidado éste (el préstamo con el tipo de interés más alto), tomen el dinero que estaban destinando ahí y añádanlo al pago que están realizando al préstamo con el siguiente tipo de interés más alto, y así sucesivamente; hasta liquidar todos los préstamos.

Algunas parejas que han sido cuidadosas con sus finanzas se han visto atrapadas en la situación de avalar un préstamo para un amigo o familiar. A los prestamistas les encantan los avales porque les proporcionan una garantía adicional. El libro de los Proverbios contiene advertencias sobre los peligros de dar este apoyo a otros (véase Prov. 6:1-5). Si usted quiere ayudar a un amigo o familiar, adelante. Dele lo que usted pueda, pero evite avalarlo. Puede resultar costoso para usted, y destructivo para la amistad.

CÓMO AFRONTAR UNA PÉRDIDA INESPERADA

Seguir a Jesús no nos da un paraguas que nos vuelve inmunes a las tormentas de la vida. Los accidentes de auto, los problemas médicos, los incendios, los robos, la pérdida del trabajo, la muerte de una pareja y las catástrofes naturales pueden provocar graves problemas financieros. Cuando nos enfrentamos a estas situaciones, podemos llegar a preguntarnos: "¿Dónde está Dios? ¿Por qué ha permitido que me ocurra esto?" En momentos como estos, debemos recordar que Dios está con nosotros, y que su amor es inagotable. El profeta Habacuc lo expresó bien cuando dijo:

«Porque la higuera no florecerá, ni las viñas brotarán; faltará el fruto de la oliva; los campos no darán alimento. Arrebatadas serán del aprisco las ovejas, y quedarán sin ganados los pesebres. Yo me regocijaré en el Señor, y saltaré de gozo en Dios. El Señor Dios es mi fortaleza; y él me dará pies ligeros como de ciervo; y el vencedor me conducirá a las alturas de mi morada, cantando yo himnos en su alabanza» (Hab. 3:17–19).

Para una pareja, una pérdida inesperada puede crear grave tensión relacional y financiera. El "juego de echar culpas" puede acabar destrozando a un matrimonio. Por el contrario, la pareja puede acercarse más al expresar sus miedos, preocupaciones y dudas el uno al otro si busca la guía y provisión de Dios a través del tiempo difícil que está enfrentando. Aunque una pérdida puede ser inesperada, hay formas de prepararse para ella.

Consideremos como ejemplo el riesgo de incendio de una casa. Entre las medidas que suelen tomarse contra un incendio están: asegurar la seguridad para reducir el riesgo del mismo, la instalación de detectores de humo, la realización de un simulacro en caso de ser necesario evacuar, y el aseguramiento de la vivienda contra pérdidas.

Otro ejemplo a tener en cuenta: Un miembro del hogar pierde inesperadamente su trabajo. Platiquen entre ustedes de qué formas podrían mitigarse los riesgos potenciales mediante la gestión financiera:

- ¿Qué papel debe desempeñar un plan de ahorro a largo plazo?
- ¿Qué papel debe desempeñar un seguro?
- ¿En qué ámbitos existen programas gubernamentales que ayuden económicamente en caso de una pérdida inesperada (seguro de desempleo, seguro contra inundaciones, indemnización de los trabajadores)?
- ¿Cómo la benevolencia en el cuerpo de Cristo ayuda a mitigar la carga de una pérdida inesperada?

AHORRAR, INVERTIR Y PLANIFICAR PARA EL FUTURO

Con frecuencia, Dios satisface nuestras necesidades antes de que surjan. El ahorro nos permite reservar una parte de nuestros ingresos para cubrir nuestros requerimientos futuros. Lo vemos en el ciclo de las estaciones, donde los alimentos producidos en verano pueden cosecharse y consumirse en invierno. También lo vemos en el ciclo de la vida. Empezamos siendo un bebé diminuto que depende de la provisión de nuestros padres, crecemos hasta la edad adulta y ocupamos nuestro lugar en el mundo laboral, para luego llegar a un eventual declive físico.

Una de las principales razones para ahorrar es poder cubrir nuestros gastos durante la jubilación a fin de no ser una carga para los demás: "Porque a vosotros os busco yo, no vuestros bienes; atento a que no son los hijos los que deben atesorar para los padres, sino los padres para los hijos" (2 Cor. 12: 14). Se nos instruye para que nuestra familia sea una prioridad en nuestros planes: "Que si hay quien no mira por los suyos, sobre todo si son de la familia, este tal ha negado la fe, y es peor que un infiel" (I Tim. 5: 7). Si tienen hijos, los ahorros a largo plazo pueden ayudar con la universidad o la formación profesional.

Otras razones para ahorrar a largo plazo son la acumulación de capital para invertir en una vivienda o en un negocio, y la previsión de pérdidas o interrupciones inesperadas de ingresos que puedan producirse. Si ustedes se plantean un esquema de ahorro a largo plazo, reflexionen en pareja sobre las siguientes cuestiones:

- ¿Para qué necesidades a largo plazo deberíamos ahorrar?
- ¿Qué cantidad o porcentaje de nuestros ingresos podemos destinar al ahorro?
- ¿La cantidad que podemos reservar va a ser suficiente para cubrir nuestras necesidades futuras?
- Si no es así, ¿qué podemos hacer para aumentar nuestros ahorros a futuro? Las ideas en este sentido pueden abarcar el dedicar más cantidad al ahorro a medida que se van retirando las deudas, trabajar más o reservar un aumento de sueldo para dicho ahorro.

Los ahorros a largo plazo deben invertirse para maximizar su valor a lo largo del tiempo. Vemos un ejemplo de inversión en Proverbios con la mujer que "puso la mira en unas tierras, y las compró; de lo que ganó con sus manos plantó una viña" (Prov. 31:16). En la parábola de los talentos, Jesús cuenta la historia de unos siervos a los que se les dieron varios talentos para que los administraran en nombre de su amo. Cuando el amo regresó y pidió cuentas de la actuación a los administradores, a los que se les había dado más y habían invertido sabiamente se les confió más, pero al que se le había dado poco lo enterró en la tierra lo devolvió al amo. Reprendió duramente al que le acababa de devolver lo que le había dado diciendo que, como mínimo, los fondos deberían haberse depositado para ganar intereses (Mat: 25:14-30).

Hay infinidad de opciones y oportunidades de inversión, e invertir requiere tiempo y atención. Normalmente existe una relación entre riesgo y recompensa: cuanto mayor es la recompensa potencial, mayor es el riesgo que implica. Las inversiones ilíquidas (no son fáciles de convertir en efectivo, como los bienes inmuebles) pueden rendir más con el tiempo, pero lo hacen con un riesgo adicional. El apalancamiento (el uso de algunos fondos prestados) aumenta el riesgo y el potencial de pérdida y de ganancia. La diversificación tiene su valor. Las cosas que parecen demasiado buenas para ser verdad probablemente lo sean. Las comisiones de gestión profesional y las comisiones de transacción pueden reducir significativamente la rentabilidad con el paso del tiempo. No deben realizar una inversión que no entiendan y con la que no se sientan cómodos. Una vez que hayan realizado una inversión, préstenle atención y vigílenla. Aunque uno de los dos se encargue de gestionar las inversiones, dediquen tiempo a hablar y comprenderlas como pareja.

A la hora de plantearse estrategias de inversión, estas son algunas cuestiones que pueden platicar en pareja:

- ¿Cuál es el nivel de riesgo con el que nos sentimos cómodos?
- ¿Qué tipo de inversiones se ajustan al perfil de riesgo que aceptamos?
- ¿Comprendemos claramente la naturaleza de cada inversión que estamos considerando?
- ¿Cómo podemos diversificar nuestras inversiones para reducir riesgos?
- ¿Estamos de acuerdo en la estrategia de inversión?

- ¿Tenemos un testamento para especificar cómo se repartirá nuestro patrimonio cuando faltemos y, (si hay hijos menores en casa) quién queremos que cuide de nuestros hijos?

No cabe duda de que debemos encontrar un equilibrio entre el ahorro y la inversión, reservando fondos para las necesidades futuras, pero evitando acumular riqueza solo por acumularla. Jesús nos cuenta la parábola del rico insensato que se quedó sin espacio para almacenar todas sus cosechas y decidió derribar sus graneros para poder construir unos aún más grandes. Su intención codiciosa era acumular cosas para sí mismo en lugar de ser generoso para con Dios, y el resultado fue que su vida terminó abruptamente. Jesús advierte que estemos en guardia contra todo tipo de avaricia, señalando que la vida de una persona no consiste en la abundancia de posesiones (Lc. 12:13-21).

Numerosos pasajes de la Biblia promueven la buena gestión financiera y la planificación para el futuro, pero debemos equilibrar nuestros propios esfuerzos con la conciencia de que Dios es nuestro proveedor último y no debemos preocuparnos:

«Así que no vayan diciendo acongojados: ¿Dónde hallaremos qué comer y beber? ¿Dónde hallaremos con qué vestirnos?, como hacen los paganos, los cuales andan ansiosos tras todas estas cosas; que bien sabe vuestro Padre la necesidad que de ellas tenéis. Así que buscad primero el reino de Dios y su justicia, y todas las demás cosas se os darán por añadidura. No andéis, pues, acongojados por el día de mañana; que el día de mañana harto cuidado traerá por sí; bástale ya a cada día su propio afán o tarea» (Mat. 6: 31–34).

RESUMEN

La gestión financiera puede ser una gran fuente de fortaleza para una pareja cristiana. Cuando reconocemos que somos administradores de la creación de Dios, entonces esta actitud mutuamente compartida pone la base para las decisiones que afectan el trabajo, las donaciones, el gasto y el ahorro. Aunque cada persona aporta capacidades y fortalezas diferentes en la relación, las principales prioridades financieras deben establecerse conjuntamente de mutuo acuerdo en un ambiente de apertura y honestidad. Hacer esto con amor y respeto por el otro, honra a cada persona y permite que florezcan tanto ellos en lo individual, como la relación matrimonial.

– 5 –

Perdón, disculpa y reconciliación

Lynne Nelson

Perdonar no borra el amargo pasado. Un recuerdo curado
no es un recuerdo borrado. En cambio, perdonar lo que
no podemos olvidar crea una nueva forma de recordar.
Transformamos el recuerdo de nuestro pasado en esperanza
para nuestro futuro.
—Lewis B. Smedes, El arte de perdonar[1]

Como ser humano, usted sabe perfectamente que puede ser herido y lastimado por los demás. También sabe que otras personas experimentarán tristeza y dolor emocional debido a su actuar. Estos comportamientos pueden ser intencionados o no, pero, en cualquier caso, ¿cómo se vive a través y más allá del dolor? Si el dolor más profundo proviene de su pareja, ¿cómo puede seguir adelante? ¿Es posible incluso reconciliarse y volver a disfrutar profundamente de la vida juntos? Este capítulo explorará los conceptos del perdón, disculpa y reconciliación, acciones que requieren valor y fortaleza, pero que prometen una libertad y una paz renovadas.

¿Qué tipo de situaciones requieren perdón? Algunos problemas pueden ser simples inconvenientes que pueden pasarse por alto. En una relación, las parejas tienen desacuerdos o peleas; aprender a comprendernos y a validarnos mutuamente es un proceso maravillosamente útil. Más allá de las discusiones habituales, la mayoría de nosotros también enfrentaremos ofensas que nos cambiarán la vida y con las que nos sentiremos profundamente agraviados. Todos estos niveles de dolor exigen una actitud de gracia mientras nos sumergimos en procesos de sanación y/o perdón. Las discusiones de este capítulo se centran en dar una respuesta sabia y cuidadosa a algunos de los mayores agravios a los que se puede uno enfrentar en la vida de pareja.

PREGUNTAS FRECUENTES SOBRE EL PERDÓN

¿ES MEJOR IGNORAR LA OFENSA?

Tal vez se pregunte si debe ignorar una ofensa que le han hecho. Depende de cada persona reflexionar y determinar si pequeños actos molestos son realmente problemas o no. Por ejemplo, cuando su cónyuge le frunce el ceño, ¿está intentando insultarle o, tal vez, está reaccionando a un problema que le ronda por la cabeza? En una situación determinada, usted puede decidir pasar por alto una pequeña falta que considera no intencionada, o puede sentir que necesita hablar de sus sentimientos con su pareja.

El perdón no consiste en negar la situación, fingir que algo no ocurrió o afirmar que un problema real no era para tanto.

Las personas emocionalmente sanas reconocen y sienten sus verdaderas emociones. El perdón tampoco consiste en excusar comportamientos. Decir: "No ha podido evitarlo" o "Le han educado así, ¡no es su culpa!" no es abordar adecuadamente la cuestión.

¿DEBERÍAN LAS PERSONAS PERDONAR Y OLVIDAR?

Perdonar no es olvidar. Somos humanos y recordamos. Si usted dice: "Lo olvidaré", se está autoengañando. Podrá hablar, actuar y sonreír como si hubiera olvidado, pero su cuerpo lo recuerda, y su dolor emocional puede incluso manifestarse en forma de dolencias físicas. El perdón tampoco borra un error; no convierte el error en algo correcto. Lewis Smedes escribe:

«Cuando perdonamos el mal, no lo excusamos, no lo toleramos, no lo sofocamos. Miramos al mal a la cara, lo llamamos por su nombre, dejamos que su horror nos escandalice, nos aturda y nos enfurezca, y solo entonces lo perdonamos».[2]

¿POR QUÉ ES TAN DIFÍCIL PERDONAR?

La incapacidad para perdonar de una persona puede ser una forma de autoprotección. Tal vez no quiera enfrentarse directamente a su dolor porque cree que tuvo algo de culpa en la situación. O, tal vez, piense que, si perdona, significa que el asunto no era tan importante o que en realidad no fue violentada. Pero lo cierto es que sí importa, y su interior y su cuerpo siguen experimentando el dolor de la ofensa que le han causado. Usted debe hacer frente a las situaciones y acciones ofensivas.[3]

¿CUÁLES SON LOS BENEFICIOS DE PERDONAR?

Es probable que lo que busca perdonar haya cambiado su vida de forma significativamente negativa. Usted ha reconocido su dolor y su pérdida; ahora está en la lucha subsiguiente por seguir el designio de Dios de perdonar. Sin embargo, a medida que avanza en el proceso, puede encontrar una nueva sensación de libertad, nuevas pasiones y capacidades en su vida. Es posible que experimente algo de lo siguiente:

- Ha aprendido de la experiencia y es más fuerte por ello.
- Tiene una perspectiva más amplia del dolor en el mundo, y una mayor compasión.
- Ya no le obsesiona el mal hecho a usted.
- Su creatividad fluye más libremente.
- Encuentra un nuevo propósito y una forma de ayudar o de defender a los demás.

El proceso de perdonar no solo tiene que ver con la otra persona. También se trata de usted. Se produzca o no la reconciliación, Robert Enright dice:

«En realidad, el perdón puede alterar su sentido de la identidad, el sentido de quién es usted. Ya no es una víctima de los demás ni de su propio pasado. Ya no se define por ciertos acontecimientos que pueden haber ocurrido hace años. A medida que cambie su forma de pensar, sentir y comportarse, su percepción de usted misma puede cambiar para mejor».[4]

El perdón nos libera de la profundidad del dolor que nos impuso otra persona. Como escribió Lewis Smedes, "Nuestra historia es un componente inevitable de nuestro ser. Sólo una cosa puede liberarnos de las garras de nuestra historia. Y esa única cosa es el perdón".[5]

PROBLEMAS IMPORTANTES QUE PERTURBAN EL MATRIMONIO

Tres áreas perturban o destruyen profundamente el vínculo matrimonial: las heridas de apego, el abuso doméstico y las aventuras amorosas. Se recomienda la intervención profesional para ayudar a las parejas a resolver estos problemas significativos y, en el mejor de los casos, avanzar hacia la disculpa, el perdón, el cambio de comportamiento y, cuando se considere seguro y deseable, la reconciliación.

1. ***Lesiones por apego.*** Las parejas necesitan una relación de apego segura, una confianza que permita que cuando uno de los cónyuges esté dolido o necesitado, el otro responda y esté a su disposición.[6] Se produce una lesión cuando uno de los cónyuges está en una gran necesidad y el otro parece desentenderse e ignorarla en lugar de responder y atenderla. Por ejemplo, un marido que se siente incapaz de apoyar a su mujer durante el parto se va a jugar golf. O, cuando llega

la noticia de la muerte de un familiar, uno de los miembros de la pareja se desentiende, saliendo de casa en lugar de quedarse para procesarlo juntos. Otra lesión del apego podría producirse si una persona está física o emocionalmente agotada y muy necesitada de ayuda, así como de una presencia tranquilizadora. Sin embargo, su pareja se marcha para tomar café y socializar con sus amigos. Las parejas deben abordar y curar estas heridas mediante un proceso de comprensión, disculpas, perdón y, con suerte, reconciliación.

2. **Abuso doméstico.** Dentro de los matrimonios, el abuso doméstico es más frecuente de lo que se piensa. Se calcula que entre el veinticinco y el cincuenta por ciento de las parejas sufren de malos tratos físicos y/o psicológicos.[7] Es traumático descubrir que los votos de marido y mujer que se hicieron el uno al otro de amarse y cuidarse mutuamente, se están rompiendo por medio del maltrato. El abuso provoca distanciamiento emocional, conflictos intensos y pérdida de confianza entre las parejas. Es un problema tanto en la Iglesia como en los hogares laicos.[8]

La violencia doméstica es un ámbito tan vergonzoso que las víctimas suelen callar, y los agresores guardan sus horribles secretos. La intervención es esencial: las víctimas deben ser empoderadas y apoyadas por amigos, por sus comunidades e iglesias; y los agresores deben rendir cuentas. Lamentablemente, los perpetradores de abusos no suelen cambiar su comportamiento, pero las víctimas siempre pueden liberarse mediante el perdón.

3. **Aventuras amorosas.** La prohibición del adulterio es uno de los fundamentos de la alianza matrimonial en la tradición judeocristiana (véase Deut. 5:18). No obstante, estudios realizados en la cultura occidental revelan que el cincuenta por ciento de los matrimonios, tanto fuera y dentro de la iglesia, experimentan algún tipo de aventura sexual o emocional por parte de uno o ambos cónyuges.[9] En Occidente, aunque se pretende estimar a la monogamia, esta se ve socavada por mensajes e imágenes sexualizadas. La infidelidad conyugal provoca heridas graves. Los principios del perdón son más que pertinentes para la sanación de las personas heridas por aventuras amorosas. Según la investigadora Shirley Glass: «Es posible alcanzar un nivel funcional de *recuperación* sin que haya perdón, pero no se puede lograr una *curación* definitiva de nosotros mismos o de nuestra relación sin él».[10] Es posible que este perdón termine siendo *unidireccional* por parte de la persona herida si la parte descarriada no se arrepiente y cambia. O bien, ambos cónyuges pueden embarcarse en un proceso de disculpas y perdón; y luego, posiblemente, reconciliación.

EL PROCESO DEL PERDÓN

Perdonar es un proceso largo y arduo. Puede comenzar con una decisión, pero implica realmente todo un viaje. La persona ofendida necesita apoyo, cuidados y curación durante un determinado tiempo. Lamentablemente, las iglesias llegan a empujar a la gente a perdonar rápidamente en lugar de trabajar con ellas en el proceso.[11] La historia de Mary ilustra esta cuestión:

«Cuando mis pastores y amigos de la iglesia se enteraron de que Edward y yo estábamos separados, y aunque sabían que era a causa de su violencia, una de las primeras reacciones de todos fue decirme: «Bueno, tienes que perdonarle». Su respuesta me resultó devastadora. Era como si lo que supieran de los abusos de mi marido no importara. «Perdona y olvida», me dijeron. En aquel momento no podía hacer ninguna de esas dos cosas, así que me sentí como una pecadora».[12]

Mientras estudiaba las posiciones de los pastores sobre el perdón y la reconciliación en los matrimonios en que ha habido abuso, A. Miles charló con un destacado pastor quien se había enterado de que un marido maltrataba a su mujer.[13] El pastor concordó en que el abuso estaba mal, pero luego animó a la víctima a perdonar lo antes posible.

No se respetaba el perdón como proceso, y no se abordaban ni la ofensa ni la necesidad de un cambio en la conducta.

Los expertos e investigadores en el campo del perdón y el trauma no animan a que haya un *perdón rápido*. Al contrario, explican procesos que se llevan a lo largo del tiempo a medida que se trabaja hacia el perdón, y se continúa el viaje de la vida.[14] Normalmente, hay una correlación entre la profundidad de la herida y el tiempo que tarda alguien en alcanzar el perdón. Requiere escrutar el corazón, reflexionar y rezar. No se precipite ni presione a las demás personas en un intento de conseguir rápido un "Te perdono". Otro aspecto que requiere tiempo es el proceso de duelo por la pérdida que se ha sufrido. Perdonar es dejar ir emocionalmente. Es importante reconocer su pérdida, admitirla y plantearse cómo habría sido su vida de no haberla sufrido. Así usted sabrá qué es exactamente lo que está perdonando.

A menudo cuando una persona se propone perdonar, puede que en un principio no se sienta diferente. Pero, conforme pase el tiempo y se recuerde a sí misma que ha elegido perdonar, es probable que sus emociones se vuelvan más ligeras y relajadas en relación con el incidente. A medida en que desarrolle compasión y empatía por el causante de la ofensa, podrá incluso desearle lo mejor.

El perdón y la aceptación no son lo mismo. Cuando usted acepta a una persona, no implica que la haya perdonado. "Aceptamos a las personas por quienes *son*, las perdonamos por el mal que *hicieron*".[15] En el contexto de una relación matrimonial, usted deberá aspirar tanto a aceptar como a perdonar al otro para mantener la relación.

Puede ser más difícil perdonar cuando la persona no reconoce ningún error o es ingenuo sobre el dolor que ha causado su comportamiento. Sí, quizás sería más fácil perdonar si estuviesen arrepentidos, pero puede que eso nunca ocurra.

Sin embargo, puede optar por conceder libremente el perdón, independientemente de la postura de la otra parte. A esto se le llama perdón *unidireccional*. En este caso, usted se da cuenta de que el perdón viene de su interior, y que no depende del punto de vista de quien le ha ofendido. Por otra parte, decidir no perdonar porque éste no se ha arrepentido deja a la parte victimizada apegada a la otra persona. Cuando usted se centra en ella o él con ira, odio, frenesí o consternación, sus esfuerzos se desperdician por aferrarse a su angustia, en lugar de dar un paso hacia una nueva libertad y ganar felicidad.

Recordemos la historia del hijo pródigo en Lucas 15. Hizo algo más que tomar dinero de su padre y utilizarlo en forma reprobable. Insultó el mismísimo corazón de su padre. Sin embargo, "Todavía estaba lejos cuando su padre lo vio y se compadeció de él; salió corriendo a su encuentro, lo abrazó y lo besó." (Luc. 15:20b, NVI). Cuando se abrazaron, el padre no sabía si su hijo estaba arrepentido. Él pretendía que su perdón fluyera hacia su hijo incluso antes de saber sobre la actitud dentro del corazón de su hijo.

Al conceder un perdón unidireccional, habrá cambiado el impacto del agravio sobre usted, pero no habrá cambiado al otro individuo. Dado que el perdón que usted ha otorgado no significa que éste haya cambiado, la relación no vuelve, de forma automática, a ser segura.

El modelo REACH

El perdón es un proceso interno. Ocurre cuando la persona ofendida decide liberar a la persona ofensora. Everett Worthington ha diseñado un enfoque práctico al que llama "El modelo REACH del perdón".[16] A medida en que trabajemos con cada letra, construiremos nuestro proceso de perdón paso a paso.

R = *Recall*, recuerdo. Recuerde el mal que le hicieron. Sea sincero consigo mismo sobre el dolor causado; no suavice ni minimice su impacto real. Es necesario que usted sepa y sienta lo que está perdonando. Para ello debe ser específico: "Recuerde, no se puede perdonar en abstracto. El perdón se produce trabajando *acontecimientos específicos con personas específicas*".[17]

E = *Empathy*, empatía. Esfuércese por desarrollar cierto nivel de empatía hacia quien le hirió. Imagine qué acontecimientos de la vida de la persona pudieron haberla puesto en ese lugar desde donde pudo hacer el daño que a usted le afecta tan gravemente. Tenga en cuenta que la empatía puede no llegar hasta más tarde, cuando se haya producido una mayor sanación.

A = *Altruistic*, altruista. Conceda el perdón como un regalo altruista. Una parte de este proceso consiste en decidir que quien le lastimó no le debe nada. Usted está obsequiando el perdón libremente y sin demanda. No intente vengarse.

C = **Commit, compromiso.** Se compromete a perdonar en algún entorno público o comunitario, o con otra persona. Su elección de perdonar se hará más sólida cuando hable de ello con alguien más.

H = **Hold, mantener.** Una vez que perdone, debe aferrarse a la decisión. Tendrá que recordarse a sí mismo en futuras ocasiones que, de hecho, ha perdonado al otro por su ofensa.

Corrie ten Boom nos ofrece un ejemplo de perdón. Era una cristiana que fue detenida por brindar escondite a judíos durante la Segunda Guerra Mundial, y había sido llevada al campo de concentración de Ravensbruck, donde fue degradada y humillada por los guardias nazis. En 1947 Corrie pronunciaba públicamente el mensaje del perdón de Dios. Después de hablar, reconoció a un antiguo guardia nazi que se acercaba a ella. Él le anunció que se había hecho cristiano y sabía que Dios lo perdonaba por su cruel comportamiento; ahora le pedía perdón a Corrie. Ella contó que se quedó helada al recordar la escena de la ducha de despiojamiento en el campo donde él había sido guardia. Mientras rezaba pidiendo la ayuda de Jesús, fue capaz de levantar la mano y coger la mano tendida del antiguo guardia frente a ella.

«Mientras lo hacía, la corriente empezó en mi hombro, bajó por mi brazo, saltó a nuestras manos unidas. Y entonces, esta calidez sanadora pareció inundar todo mi ser, haciendo que se me llenaran los ojos de lágrimas. '¡Te perdono, hermano! ...¡Con todo mi corazón!'»[18]

El guardia ya no tenía poder sobre Corrie cuando ella le concedió el perdón. Y concluyó diciendo: «Nunca había conocido el amor de Dios tan intensamente como entonces».[19]

MÁS ALLÁ DEL PERDÓN UNIDIRECCIONAL

DISCULPA

La disculpa es una acción por parte de quien ofendió. Es bueno que él o ella dé un paso al frente de forma proactiva y pida disculpas. Esto requiere un estado de humildad y mucho valor; lo hace por respeto a Dios y a la persona a la que ha herido. En el matrimonio, su disculpa y petición de perdón puede ayudar a que los dos vuelvan a estar unidos.

La Biblia nos habla de dos tipos de tristeza: "Cuando Dios los ponga tristes, no lo lamenten, pues esa tristeza hará que ustedes cambien, y que pidan perdón y se salven. Pero la tristeza provocada por las dificultades de este mundo, los puede matar" (2 Cor. 7:10).

La tristeza piadosa, pues, implica una actitud de arrepentimiento. Es decir, llevar a cabo cambios tanto en internamente como en el comportamiento exterior. El diccionario Webster define el arrepentimiento como: "Apartarse del pecado y dedicarse a la enmienda de la propia vida, sentir pesar o contrición, o cambiar de opinión".[20] El sentimiento de arrepentimiento tiene que ver con una actitud interior que permite que uno desee hacer un cambio positivo en manera de actuar.

La tristeza mundana es cuando uno básicamente se lamenta porque su acción le ha hecho la vida imposible al otro. Un ejemplo de tristeza mundana sería decir: "He dicho que lo siento, ¿no?" o incluso: "Lamento que te sientas así". Esta posición es defensiva y no toma responsabilidad de ningún error por su parte. Es como decirle a la persona agraviada que calle y haga como si la ofensa nunca hubiera ocurrido. Esto no es un medio para la paz o la reconciliación. Para presentar una disculpa sincera y eficaz, se debe reconocer, comprender y validar el profundo dolor infligido a la persona herida; debe sentirse remordimiento y pena por los actos propios. Por último, necesitan unirse a su cónyuge para formar una estrategia de curación y comprometerse a renovar los planes para el futuro. A continuación, la autora Sue Johnson relata un ejemplo de disculpa significativa de Ted a su esposa, Vera:

«Te he decepcionado, ¿verdad? Yo no estaba allí para ti. Lo siento mucho, Vera. Me sentí abrumado y te dejé sola enfrentándote a su enemigo. Me cuesta mucho admitir esto. No quiero verme como el tipo de persona, el tipo de marido que te decepcionaría así. Pero lo hice. Tuviste derecho a enfadarte. Nunca consideré que mi apoyo fuera tan importante. Pero ahora sé que te hice mucho daño. No sabía qué hacer, así que vacilé y no hice nada. Quiero intentar mejorar en esto. Si tú me lo permites».[21]

Hay varios elementos críticos en la disculpa de Ted. Ted se preocupa por el dolor que Vera sufrió cuando la ignoró. Luego le hace saber que ve su dolor y le asegura que lo considera legítimo. Él asume la responsabilidad de su papel en el origen de ese dolor, y menciona de forma específica lo que hizo mal. Ted comparte su decepción consigo mismo y se compromete a estar presente junto a su mujer para ayudarla a sanar y a construir un futuro diferente.

RECONCILIACIÓN

¿Es lo mismo perdón que reconciliación? ¿Perdonar significa que estamos obligados a reconciliarnos? Cuando perdonamos una ofensa, ¿se restablece automáticamente nuestra confianza en la persona que ofendió? ¿Ya no necesitamos abordar el tema hiriente? ¿Ya ha quedado todo atrás? La respuesta a todas estas preguntas es no.

El perdón y la reconciliación no son lo mismo. El perdón es un proceso interno en el corazón de un ser humano; la reconciliación es interpersonal, es decir, entre dos o más personas. La verdadera reconciliación no es unilateral. Lewis B. Smedes escribió: "Se necesita de una persona para perdonar, se necesitan de dos personas para reunificarse".[22] Cuando alguien comprende el dolor que ha infligido, se disculpa, asume la responsabilidad y muestra empatía por la otra persona. Entonces las dos partes pueden empezar a explorar qué necesitan para reunificarse y reconciliar la relación.

Antes de reanudar una relación con una persona que le ha ofendido profundamente, es preciso observar un cambio en su comportamiento. Recordemos que en la historia de José (Gén. 42-45), éste no confió de inmediato en sus hermanos cuando llegaron a Egipto. José los puso primero a prueba. Los oyó lamentándose por haberlo vendido como esclavo. Entonces Judá, hermano de José, insistió en tomar él mismo la posición de esclavo en lugar de su hermano menor, Benjamín, por amor a su padre, Jacob. El corazón de José pareció ablandarse mientras lloraba y, luego dijo a sus hermanos la verdad de quién era; abrazó a Benjamín y besó a sus hermanos. José ofreció a toda su familia un hogar seguro durante la época de hambruna. Fue capaz de renovar su relación con ellos luego de haber visto que tenían un temor piadoso, y probablemente remordimiento por su mal actuar.

Las ofensas graves destruyen la confianza, y en el matrimonio, la confianza es esencial para la unidad, la pasión, la alegría y la confianza. Siempre y cuando ambas partes lo deseen, el proceso de reconciliación puede avanzar. Pero primero tiene que haber una disculpa donde la parte injuriosa asuma la responsabilidad sobre sus actos, y una discusión en la que ambas personas hablen, escuchen y traten de comprenderse entre sí.

Ahora llega el momento de rehacer y restablecer los planes y expectativas de ambos en su renovada relación. Las pautas y los pasos que recorren en su viaje del perdón a la reconciliación son un camino valiente. Este proceso requiere siempre de escuchar, hablar y comprender. El viaje es precioso para ustedes como pareja; puede recrear la conexión, la pasión y la vitalidad.

RESTITUCIÓN

"¡Bah, paparruchas!" Ebenezer Scrooge, el famoso personaje de Charles Dickens, odiaba las tradiciones navideñas y la generosidad que conllevan. En cambio, era mezquino y avaro. Luego de la visita de los fantasmas de Navidades pasadas, presentes y futuras, Scrooge experimentó un cambio en su corazón y en su comportamiento. Se volvió generoso y amable, sociable y desenfadado. Daba magnánimamente a los pobres; y concedió un aumento a su empleado. Scrooge estaba redimiendo su pasado.

Zaqueo también cumplió con una redención. Era un recaudador de impuestos rico y sin escrúpulos, pero cuando Jesús lo enfrentó, Zaqueo cambió de opinión y prometió compensar sus engaños del pasado.

> Pero Zaqueo se levantó y dijo al Señor: «¡Mira, Señor! Aquí y ahora doy la mitad de mis posesiones a los pobres y, si estafé a alguien en algo, le devolveré cuatro veces la cantidad». Jesús lo aprobó, diciéndole: «Ciertamente que el día de hoy ha sido día de salvación para esta casa» (Lc. 19:9).

El arrepentimiento puede impulsar a una persona a intentar algún tipo de restitución. Restituir implica actuar en beneficio de la persona a la que se ha ofendido. La restitución debe ofrecerse a la persona perjudicada con empatía, espíritu honesto y solidario. Las medidas de restitución deben ser actos genuinos para contribuir a la recuperación, o ayudar de otro modo al perjudicado. Estos actos no pueden ser una ofrenda banal de paz para que uno se sienta mejor.

Sin embargo, algunas injusticias son demasiado grandes o profundas para compensarlas o repararlas adecuadamente; por eso debemos reconocer que cuando la persona perjudicada ofrece el perdón, es un regalo altruista al prójimo. Necesitamos vivir el duelo por estas faltas que nunca podrán ser restituídas por completo. La injuria ha cambiado su vida de manera significativa y puede implicar dolor durante muchos años.

Seguir pasos de reparación o restitución demuestra que la persona ofensora desea ser diferente y vivir la vida de otra manera. Esto puede ser beneficioso para ambas partes. La persona ofendida recibe algo de ayuda y la persona ofensora, que está arrepentida y ofrece una restitución por el pasado, empieza a recuperar un renovado sentido de la dignidad.

DIOS NOS HA PERDONADO Y NOS PIDE QUE PERDONEMOS

Dios nos ha dado el maravilloso don del perdón. Con este gran don de Dios experimentamos su amor y compasión por nosotros. Cada uno de nosotros conoce la verdad de su interior; sabemos que necesita ese perdón de Dios. La Escritura nos dice que "Si confesamos nuestros pecados, Dios, que es fiel y justo, nos los perdonará y nos limpiará de toda maldad" (1 Jn. 1:9, NVI). Y luego su perdón es completo, eliminando nuestro pecado: "Cuanto dista el oriente del occidente" (Salm. 103:12).

Al tomar la decisión de seguir la dirección de Dios y perdonar, nos impulsamos a ir más allá de nuestro propio dolor para ver a la otra persona más allá de su pecado. Así, podemos liberarnos de las cadenas del resentimiento.. Pablo exhorta: "sed mutuamente afables, compasivos, perdonadnos los unos a los otros, así como también Dios os ha perdonado a vosotros por Cristo" (Ef. 4:31–32). En el Padre Nuestro, Jesús nos enseña a pedir a nuestro Padre Celestial: "Perdona nuestras ofensas, así como nosotros perdonamos a los que nos ofenden" (Mat. 6:12).

El perdón no borra los males ni los hace menos importantes, pero puede hacernos libres del pasado y abrir el camino hacia una posible reconciliación.

Preguntas para el debate y la reflexión

1. Después de leer este capítulo, ¿hay alguna idea falsa sobre el perdón que usted haya tenido? Si no es así, ¿qué obstáculos encuentra cuando intenta perdonar?
2. ¿Qué parte del modelo REACH le gustaría practicar más?
3. ¿Cuál es la diferencia entre el perdón unidireccional y los procesos para avanzar hacia la reconciliación?
4. ¿Qué debe ocurrir antes de que pueda producirse la reconciliación?

– 6 –
Sexualidad sagrada[1]

Kelsey Siemens y Janelle Kwee

«La sexualidad es una energía hermosa,
buena, extremadamente poderosa y sagrada, que Dios
nos ha dado y que experimentamos en cada célula de
nuestro ser como un impulso irreprimible de superar nuestra
incompletitud, de avanzar hacia la unidad y la consumación
con lo que está más allá de nosotros».

—Ronald Rolheiser, The Holy Longing

El relato del Génesis sobre la vida antes de la Caída habla acerca de lo que Dios tenía pensado para la humanidad. Aquí, vemos a la mujer, al hombre y a lo divino viviendo en perfecta armonía, un espacio en donde mutuamente daban y recibían amor, un espacio de intimidad, vulnerabilidad y completa desnudez. Según cuenta la historia, la Caída propició el impulso de esconderse, cubrirse y vivir con vergüenza. Pero hay buenas noticias: no tenemos que vivir bajo esta maldición.

Mi propia historia (la de Kelsey), mi dolor y transformación, me motivaron a comprender cómo podemos pasar de vivir nuestra sexualidad desde la vergüenza y el silencio a un lugar de comunión y amor mutuos. Al crecer en una comunidad religiosa que, por lo general, solo hablaba de la sexualidad en términos de regulación del comportamiento (las cosas que se deben y las que no se deben hacer), interioricé pronto la idea de que mi sexualidad era "sucia". El silencio en torno a la sexualidad en mi comunidad religiosa era ensordecedor. Cuando oía hablar sobre ella, solía hacerlo con miedo.

Cuando tenía trece años, mi abuelo se enteró de que me había "convertido en mujer" con mi primera menstruación. Me llevó a un lugar y empezó a llorar. Cuando le pregunté qué pasaba, me dijo: "No quiero que acabes embarazada como otras chicas de mi iglesia". Ese verano también me dijeron que mis besos eran "como una rosa" y que cada vez que besaba a alguien perdía un pétalo. La persona que compartió esto sugirió que mi futuro marido probablemente preferiría no recibir "solo un mísero tallo". Estos mensajes moldearon la forma en que me veía a mí misma y a mi cuerpo.

De adolescente, sentía vergüenza cuando mi cuerpo comenzó a desarrollarse, cuando experimenté el deseo, y cuando expresaba mi sexualidad de formas que me parecían contradictorias con los mensajes que oía. Me sentí insoportablemente sola en esa vergüenza. Sólo cuando me casé sentí que tenía permiso para explorar mi cuerpo, mi sexualidad y mi vergüenza. El cambio espiritual que supuso comprender que mi cuerpo era tan valioso como mi corazón, mi mente y mi espíritu, me permitió trabajar para abrazar y afirmar mi sexualidad.

Esta experiencia no es exclusivamente mía; Janelle y yo hemos pasado horas hablando con hombres y mujeres cristianos sobre sus trayectorias sexuales. Nos preguntamos cómo otras personas, a quienes tal vez se les enseñó a creer que su sexualidad es "de la carne" o, de algún modo, pecaminosa, pudieron entonces experimentar relaciones sexuales satisfactorias, placenteras y conectadas. ¿Cómo fueron sus trayectorias vitales? ¿Qué lecciones aprendieron? ¿Y, en dado caso, cómo se produjo su curación? Nuestra esperanza era que, respondiendo a algunas de estas preguntas, pudiéramos comprender cómo ayudar a otros a reclamar y expresar su sexualidad con todo su ser.

La sexualidad es la "energía física, emocional, psicológica y espiritual que impregna, influye y colorea todo nuestro ser y personalidad en su búsqueda de amor, comunión, amistad, plenitud, autoperpetuación y autotrascendencia".[2] Este capítulo no pretende ser un manual técnico, sino animarlos a desarrollar una visión positiva y realista de la sexualidad como algo que merece atención dentro de su matrimonio, y animarlos a buscar ayuda y recursos adicionales cuando se enfrenten a retos en este ámbito. Esperamos que este capítulo, extraído de nuestra investigación,[3] les sirva para conversar acerca del hermoso don de la sexualidad. Los invitamos a participar en una conversación sobre el sexo y sobre cómo su forma de entender el sexo ha influido en sus experiencias personales. Exploramos los obstáculos que nos impiden vivir plenamente nuestra sexualidad. A continuación, destacamos cómo podemos caminar hacia la curación. Por último, esbozamos maneras de abordar la sexualidad de manera significativa en el matrimonio. Al final del capítulo se proponen ejercicios y preguntas para debatir.

AMENAZAS A LA MUTUALIDAD Y LA ENCARNACIÓN EN LOS MENSAJES RELIGIOSOS (Y DE GÉNERO)

Aunque la sexualidad es un don poderoso y sagrado, los mensajes comunes sobre la ella, incluidos algunos de los que se transmiten en los contextos de la fe cristiana, a menudo se interponen en el camino de la intimidad mutua y la plenitud relacional con la pareja y con Dios. En esta sección, exploraremos cómo estos mensajes interfieren en el potencial de las parejas para experimentar un amor maduro y significativo. En la sección siguiente, ofrecemos un vistazo de cómo los individuos y las parejas pueden elegir caminos de plenitud y sanación en la encarnación sexual.

LA IMAGEN PERFECTA: DESNUDOS Y SIN VERGÜENZA

«Y ambos, a saber, Adán y su esposa, estaban desnudos, y no sentían por ello vergüenza alguna» (Gén. 2:25).

La historia de la sexualidad comienza con su expresión perfecta en el Jardín del Edén, caracterizada por el estado de *desnudez y sin vergüenza*. La desnudez del Edén representa la conexión y armonía de Adán y Eva con Dios y la creación, incluidos sus propios cuerpos físicos. En el relato de la creación, Adán y Eva viven en total libertad y vulnerabilidad en su relación mutua y con su Creador. Con la Caída, la vergüenza les hizo sentir la necesidad de esconderse y buscar cubrirse incluso cuando su Creador los llamaba de entre los árboles del jardín.

ENCARNACIÓN

El término *encarnación* describe la *experiencia* del propio cuerpo en el mundo.[4] La encarnación significa conciencia *como* cuerpo, y no como una persona *con* un cuerpo. Si esto le resulta nuevo o incluso extraño, es probable que se deba a ideas dualistas del espíritu o del yo como un ente separado del cuerpo. Piense por un momento en cómo experimenta el mundo y se expresa a través de los sentidos de su cuerpo. Intente imaginarse a *usted* en el de otra persona, quizá de otro sexo o etnia de características muy diferentes a las suyas. Probablemente aprecie que quien es usted se refleja de forma única en su yo físico y está moldeada por él. En la encarnación *sexual*, uno experimenta todo su ser a través de la intimidad, dentro y a través de su cuerpo. La encarnación sexual es "estar en contacto" con el propio deseo y estado físico; en la expresión de la sexualidad, todo el ser está conectado con dar y recibir amor.

VERGÜENZA

El legado de la Caída es evidente a través de los mensajes sociales y religiosos de subordinación y dominación que refuerzan la vergüenza hacia lo sexual, e impiden que las parejas disfruten de plena agencia y conexión.[5] Se ha afirmado que "ningún otro aspecto de la actividad humana ha sido tan disfuncionalmente rechazado como la sexualidad".[6] Ante el legado de vergüenza de la Caída, el matrimonio ofrece un espacio para que la obra redentora de Cristo se exprese en el amor mutuo.

La vergüenza es "un sentimiento o experiencia intensamente dolorosa [y universal] que nos lleva a creer que somos defectuosos y, por tanto, indignos de aceptación o pertenencia".[7] La vergüenza hace que una persona se vea a sí misma por medio de lo que cree que ven los demás, en lugar de a través de sus propias experiencias.[8] Para complicar aún más las cosas, los mensajes en tema de sexualidad suelen ser contradictorios e inalcanzables. Por ejemplo, el valor socio-religioso de que las mujeres sean puras y virginales se contrapone a las expectativas socioculturales predominantes de que las mujeres deban ser objetos sexuales seductores.

Mensaje Religioso

La Iglesia y la sociedad han transmitido numerosos mensajes sobre sexualidad. Muchas personas afirman que el silencio sobre la cuestión era la norma en casa o en la iglesia. Si se hablaba de sexo, se limitaba a tratar el tema desde una mentalidad dualista: el cuerpo está separado del espíritu. Muchos mensajes también incluían narrativas de género opresivas. Por último, tanto hombres como mujeres han afirmado sentirse bombardeados con mensajes religiosos sobre "normas" de comportamiento sexual apropiado. A continuación, abordamos estos mensajes.

«EL SEXO ES MALO»: SILENCIO Y DUALISMO

No hablar de sexualidad abiertamente o con comodidad implica que debe mantenerse oculta. Los que compartieron sus historias describieron una cultura de silencio, de tal manera que rara vez se hablaba en sus familias y comunidades religiosas sobre el significado de la sexualidad, la seguridad sexual y las relaciones íntimas. El silencio en torno a algo que es tan esencialmente humano incrementa el sentimiento de vergüenza hacia ello, dejando a las personas con preguntas e incomodidad; incluso cuando se ven ante la libertad de explorar abiertamente la expresión sexual en el matrimonio. En una cultura que vende el sexo como mercancía, el silencio es especialmente problemático.

En contraste con una visión integral de la persona, el dualismo divide al individuo en partes opuestas o separadas. En el caso de los humanos, el cuerpo es algo aparte de la mente y el espíritu. Esta noción de separación se presta a la idea de que una parte (espíritu o mente) es "mejor", o que se opone a la otra (cuerpo o carne). Cuando la carne y el cuerpo se conciben como algo apartado de la persona y no como la persona, parecen menos importantes. Inherente a muchos mensajes cristianos sobre sexualidad está la exhortación a "no ceder a los deseos de la carne". Una mujer contó cómo interiorizó este falso binario: "Realmente pensaba que mi cuerpo era algo pecaminoso, con sus deseos y necesidades. Y que estaba arruinando mi espiritualidad. Albergaba esta dicotomía, este dualismo". Del mismo modo, un hombre compartió que su percepción era que el sexo y la intimidad estaban fuera de los límites, porque si los experimentaba, "Dios se enfadaría... eso es pecaminoso, y los pecadores van al infierno".

Dado el silencio sobre la sexualidad en contextos familiares y religiosos, combinado con una cultura popular hipersexualizada, no es de extrañar que muchas personas caigan en el mensaje extremo de que el sexo es malo o *poco espiritual*. Reflejando una perspectiva religiosa dualista según la cual el espíritu y el cuerpo se yuxtaponen al igual que el bien y el mal. Una mujer nos contó cómo estaba forjada su perspectiva: "Mi única conciencia sobre el sexo era que es sucio y malo, y que no debería pensar en esas cosas".

Por desgracia, una visión negativa del cuerpo y el sexo no cambia milagrosamente hacia la libertad de perspectiva con el matrimonio. Hay que cultivar mensajes positivos sobre la bondad, el poder y la creatividad del cuerpo, junto con mensajes sobre la seguridad, el consentimiento, la responsabilidad y la toma de decisiones. Mensajes tanto acerca de la seguridad y la responsabilidad sexuales, *como* sobre la bondad y el poder del cuerpo, son importantes para que las mujeres y los hombres puedan encontrarse de forma amorosa consigo mismos y con su pareja.

MENSAJES DE GÉNERO

Otra idea de dualismo es que los hombres ocupan un lugar más elevado que las mujeres, y se refleja en los mensajes de género sobre la sexualidad. Rachael Held Evans, autora de *Un año de feminidad bíblica*, escribe acerca de cómo las mujeres cristianas se ven bombardeadas con mensajes contradictorios de cómo deben vivir en sus cuerpos. La cultura popular dice a las mujeres que se arreglen para *atraer* la mirada de los hombres, reforzando que el valor de una mujer está basado en su atractivo sexual. La cultura de la modestia, en el otro extremo, sugiere que las mujeres deben vestirse de manera en que logren *evitar* que los hombres las vean. Ambas culturas son desempoderantes, al poner "el ímpetu... en la mujer para acomodar su ropa o su cuerpo a las... expectativas de los hombres".[9] Desde ese punto de vista, los mensajes de modestia no reafirman el amor propio, la dignidad y el respeto por uno mismo. Son solo un medio por el que se supone que las mujeres deben evitar que los hombres las "deseen".

Como se ha descrito anteriormente, la cultura de la modestia indica a las mujeres cómo deben vestirse para defender el valor de dicha modestia en la Iglesia. Aunque la virtud de esta cultura sobre rechazar la cosificación tiene el potencial de empoderar, la justificación que se da a menudo en relación con la responsabilidad de las mujeres en cuanto a la modestia, es protegerse a sí mismas y a los hombres de sentir "lujuria" hacia sus cuerpos. El tema subyacente es que las mujeres son responsables de su sexualidad y de la de los hombres. Una mujer compartió su percepción sobre una amiga que se vestía "inmodestamente", exclamando en forma sarcástica: "Sí, como si ella estuviera siendo irresponsable...", y continuaba: "...porque si los hombres la desean, ella debe ser responsable de eso y no ellos… Sí, porque los hombres ¡*NO PUEDEN CONTROLARSE!*" Esto refleja un desequilibrio de poder en el que las mujeres están en una posición que las obliga a protegerse de ser vistas sexualmente y objetivadas; lo que a su vez refleja una cultura profundamente patriarcal. La presunción de este mensaje, de que los hombres no pueden asumir responsabilidad sobre sus cuerpos, desempodera a ambos.

¿Ha creído alguna vez que los hombres *necesitan* el sexo de una forma que no es igual para las mujeres? En realidad, la dinámica del deseo y la excitación entre los miembros de la pareja es compleja y no puede reducirse meramente al sexo. La narrativa de que *el sexo es cosa de hombres* es restrictiva, desempoderante y potencialmente vergonzosa para ambos géneros. Si la noción es que los hombres valoran y necesitan el sexo como parte intrínseca de su masculinidad, ¿se socava entonces su masculinidad al experimentar una menor excitación? Del mismo modo, desde esta creencia, ¿qué significa para una mujer tener, y expresar, deseos y necesidades sexuales? Una mujer habló de cómo este mensaje influyó en forma persistente su manera de vivir la sexualidad en el matrimonio, afirmando:

> Recuerdo que incluso en nuestro primer año de matrimonio llegaba a pensar, e incluso hoy en día me siento a veces ansiosa sobre ello: «Vale, ¿cómo está él?, ¿deberíamos tener relaciones sexuales pronto?, ¿cómo está?, ¿necesita liberar algo de tensión?» Ni siquiera pienso en mí respecto a ese tema [en absoluto].

La visión de que el sexo es para los hombres, y de que las esposas "obedientes" se guían por el mandato nunca decir "no" a las necesidades de su pareja, provoca una pérdida en la reciprocidad y se perpetúa la vergüenza de las mujeres sobre su propia sexualidad. Privilegiar la sexualidad masculina impide a las mujeres explorar su la suya sin culpa ni vergüenza.[10] El ámbito de lo sexual se distorsiona por la dominación y la subordinación, acercándose peligrosamente a la violación y el abuso conyugales. Aunque la sexualidad en su mejor expresión representa la intimidad mutua, cuando se pierde el derecho de cualquiera de los miembros a dar su pleno consentimiento, sus cuerpos se cosifican.

REGLAS Y CONDENACIÓN

Tal vez es con el noble objetivo de proteger a los jóvenes del sufrimiento que abundan las directrices cristianas sobre lo que "se debe" y lo que "no se debe" hacer en materia de expresión sexual. Aunque las reglas parecen reforzar una conversación sexo-negativa en la que se da más importancia a la restricción del comportamiento que a la autoexpresión corporal y la responsabilidad. Una mujer compartió la idea de que "si rompes las reglas [sobre sexualidad] significa que no puedes estar cerca de Dios". Los mensajes en blanco y negro no promueven el pensamiento crítico ni la responsabilidad, sino que ofrecen medidas externas para determinar si ciertos comportamientos se ajustan o no a las "normas", o al "código" establecido.

En relación con esto, parece haber un cirterio más severo en relación con los pecados de naturaleza sexual. Para complicar las cosas, muchas comunidades cristianas promueven códigos de conducta que sus miembros deben respetar; las transgresiones sexuales parecen ser más "mensurables" que los pecados del corazón. Recordando el juicio exclusivo a los "pecados sexuales", una mujer contó su experiencia con un colegio cristiano privado:

> No hay mucha gracia cuando se comete un error. Por ejemplo, si una quedara embarazada, ya no podría seguir yendo [al colegio]. O si usted decidiera que tal vez sea bisexual, tampoco podría seguir yendo. Y no creo que eso sea propio de Jesús.

Esto aumenta el miedo y la vergüenza, lo que hace que las personas se sientan alienadas de su sexualidad.

La pregunta sin respuesta: ¿Entonces, qué hacemos?

Los mensajes religiosos, hasta ahora, ofrecen poco apoyo y orientación a los cristianos para que puedan sentirse en su cuerpo, abracen la totalidad de su ser y experimenten una sexualidad de forma saludable. En un paisaje cultural que vende y abarata el sexo, hay confusión entre los cristianos sobre cómo *ser* en el aspecto de lo sexual. Por ejemplo, una mujer contó sobre la falta de orientación que había recibido en la iglesia: "Pero ellos... [los líderes de la Iglesia] nunca dijeron cómo podría ser tener una sexualidad sana antes de casarse. O que estaba bien pensar en ello". Y añadió: "Seguía siendo algo por lo que sentía mucha curiosidad. Pero no sabía qué hacer con esa curiosidad".

Afortunadamente, no nos quedamos solo con preguntas y mensajes destructivos. La encarnación nos ofrece una visión más cercana de la santa sexualidad, y de la encarnación en la persona de Jesucristo. Dios hecho carne para realizar la obra redentora definitiva, es algo más que un mero guiño al "mal necesario" de nuestros cuerpos. Y, nuestros cuerpos sexuales parecen tener un propósito que trasciende (aunque, por supuesto implica) el objetivo de la procreación. En Cristo, contamos con una ruta para el respeto, la empatía y la mutualidad. Se ha demostrado que el camino hacia una sexualidad mutua y encarnada en el matrimonio rinde frutos espirituales y relacionales, ya que mejora la capacidad de amar y relacionarnos con Dios, con los demás y con nosotros mismos.[11] Aunque el legado de la Caída atenta contra la intimidad entre hombre y mujer, la sexualidad sana también puede ser un vehículo para conocer a Dios. En la siguiente sección, ofrecemos una perspectiva de cómo emprender este viaje hacia la plenitud sexual, y hacia la encarnación.

DE LA VERGÜENZA A LA ENCARNACIÓN SEXUAL: EL VIAJE

Si nuestra sexualidad tiene la capacidad de conectarnos con lo divino y conectarnos con nuestras parejas, ¿cómo podemos pasar de la vergüenza a un lugar de plenitud y de encarnación? Brené Brown desarrolló la Teoría de la Resiliencia a la Vergüenza (SRT, del inglés *Shame Resilience Theory*) para hacer hincapié en cuatro formas de cultivar la resiliencia en contraposición a la vergüenza:[12]

(1) Tomar conciencia crítica de las expectativas, así como de los mensajes culturales y religiosos relativos a nuestra sexualidad, como los mencionados anteriormente; (2) desarrollar la autoconciencia y la capacidad de reconocer y aceptar nuestra propia vulnerabilidad ante la vergüenza; (3) aprender a "hablar sobre la vergüenza" o a expresar nuestros sentimientos de ello; y (4) formar relaciones de empatía mutua que faciliten el acercamiento a los demás. A continuación, hablamos de estas competencias, integrando los comentarios de las experiencias de los otros.

EVALUACIÓN CRÍTICA DE LOS MENSAJES

Una de las formas de desarrollar resiliencia ante la vergüenza consiste en evaluar críticamente los mensajes socioculturales a los que estamos expuestos.[13] Una mujer describió cómo este proceso lleva tiempo:

> [Tenemos que ser] conscientes de que, a veces, nos quedamos atascados en nuestros viejos sistemas de creencias, y de que se trata de un viaje: no podemos sustituir automáticamente las viejas creencias por nuevas, aunque nos gustaría poder hacerlo. [Tenemos] que salir a caminar y ser fuertes, y esto requiere de

mucha atención plena, así como de observar qué pensamientos hay en nuestra mente y cómo desafiarlos para fomentar nuevas formas de pensar.

Identificar y cuestionar las creencias negativas sobre nuestra sexualidad es un proceso que requiere tiempo, energía y autocompasión. Puede que le resulte útil tomarse algo de tiempo y espacio para reflexionar sobre los mensajes que recuerda haber oído sobre su cuerpo y su sexualidad mientras crecía. Algunas personas descubren que escribir un diario sobre su desarrollo y experiencias sexuales les ayuda a comprender el impacto de tales mensajes. Preguntas de apoyo para este proceso se incluyen al final de este capítulo.

Además de resistirse a los mensajes negativos, es importante adoptar mensajes positivos y redentores sobre la sexualidad. Las comunidades eclesiales se beneficiarían de mantener conversaciones que hicieran hincapié en cuestiones como el amor al cuerpo, la autocompasión, la seguridad sexual, la libertad y la toma de decisiones responsable. Tina Schermer Sellers, terapeuta sexual e investigadora, aboga por un nuevo diálogo "lleno de gracia" que ponga de relieve la intimidad y el deseo como dondes de Dios en nuestros hogares y comunidades religiosas.[14] Al centrarse en la belleza de, y el significado del sexo y la sexualidad, la terapeuta nos muestra aperturas para comprender que el sexo es *bueno*.

Por ejemplo, una mujer habló sobre cómo solía entender la sexualidad como algo "malo", "sucio" y "de la carne" (es decir, pecaminoso). Sin embargo, cuando empezó a ver su sexualidad de una forma nueva, se dio cuenta de que esta representa una conexión emocional, espiritual y física. En sus palabras, "[a través del sexo] tengo un pequeño atisbo de lo que Dios se proponía al principio. De querer estar en esta conexión profunda... Creo que el sexo es algo tan hermoso". Para ella, la atracción y la energía sexuales son un anhelo por reconectarse totalmente con el otro. Es la oportunidad más cercana a la posibilidad de conocernos plenamente; a través de nuestra sexualidad, llegamos a una comprensión más profunda de cómo estar conectados con Dios y con otra persona. A ella le tomó tiempo procesar estas ideas, pero transformaron su forma de vivir la sexualidad dentro de la relación con su marido y como parte de su camino espiritual.

AUTOCONCIENCIA

Como se ha descrito anteriormente, sentimos vergüenza cuando asumimos que no estamos cumpliendo con las expectativas que percibimos que los demás han puesto sobre nosotros. A medida que enunciamos y comprendemos nuestra experiencia de vergüenza sexual, nos encontramos mejor preparados para afrontarla. Una mujer nos contó:

> Creo que tuve que llegar a un punto bastante fuerte de insatisfacción gracias a la vergüenza, e incluso de insatisfacción con el reconocimiento de lo que estaba ocurriendo... Y [yo] rezaba mucho sobre ello, lloraba por ello, y llevaba un diario al respecto. Intentaba pensar en diferentes estrategias.

Al enfrentarse activamente a sus sentimientos de vergüenza, desarrolló autoconciencia y autocompasión.

Del mismo modo, un hombre nos describió cómo, debido al abrumador silencio sobre la sexualidad en su hogar y en su comunidad, su desarrollo sexual se vio "atrofiado". Descubrió que aprender sobre ella y tener un lenguaje para sus experiencias de esta índole fomentaba una responsabilidad sexual, permitiéndole conectar con su sexualidad de forma positiva.

También podemos desarrollar una mayor autoconciencia y comprensión de nuestras experiencias vergonzosas sintonizando intencionadamente con nosotros mismos. Algunas personas descubren que desentrañar cómo se manifiesta la vergüenza en su cuerpo físico es un punto de partida muy útil en este proceso. Cuando sentimos vergüenza, podemos, por ejemplo, apartar la mirada, inclinar la cabeza, encorvar los hombros, sonrojarnos o taparnos la cara.[15] Al reconocer las sensaciones corporales, nos percatamos mejor de la vergüenza en el momento presente. Es útil ser conscientes de los pensamientos que surgen cuando se siente vergüenza. Por ejemplo, algunas personas pueden llegar a pensar cosas como "mi cuerpo es repugnante" o "soy mercancía dañada". Reconocer que estas voces están arraigadas en dicha vergüenza puede ayudarnos a hablar con nosotros mismos de forma más amorosa y compasiva.

Desarrollar autoconciencia en la relación con los demás es clave para saber cuáles son nuestras vulnerabilidades ante la vergüenza. En nuestra investigación, hombres y mujeres hablaron de cómo tomaron conciencia de las experiencias que "desencadenaban" su vergüenza. Por ejemplo, algunos mencionaron que cuando su pareja rechazaba sus insinuaciones a iniciar la intimidad se sentían abrumados. Cuando reconocieron que esto se trataba de un desencadenante, tomaron conciencia de su cuerpo, sus emociones y sus pensamientos. Esto les permitió frenar un poco y hacerse preguntas como: "¿Mi pareja me rechaza (la voz de la vergüenza) o él/ella simplemente está cansado/a?" o "¿Mi pareja me encuentra poco atractivo/a o está estresada/o?" Esta es una habilidad desarrollable, denominada mentalización que ayuda a contrarrestar las voces de la vergüenza que nos alejan de la intimidad mutua.

DESARROLLAR RELACIONES EMPÁTICAS

Todos necesitamos personas en nuestras vidas con quienes compartir nuestros puntos fuertes y nuestras luchas. Los investigadores que estudian el apego y el neurodesarrollo están descubriendo que nuestros cerebros están programados para la conexión.[16] Sin embargo, abrirnos a la conexión puede resultar difícil cuando nos enfrentamos a la vergüenza. Cuando se viven sentimientos dolorosos, tendemos a querer aislarnos y alejarnos de las relaciones. Ser visto y conocido auténticamente en medio de la vergüenza es posiblemente el agente más poderoso de curación. Brené Brown define la conexión como "la energía que existe entre las personas cuando se sienten vistas, escuchadas y valoradas; cuando pueden dar y recibir sin ser juzgadas; y cuando obtienen sustancia y fuerza de la relación ".[17] Es el tipo de conexión que fomenta la resiliencia y ayuda a superar la vergüenza sexual.

Contar nuestras historias es valiente. También requiere de ternura, y la capacidad para discernir cuándo contar nuestras historias a personas capaces de recibirnos con franqueza y confianza. Los que compartieron sus historias dijeron que la conexión con sus parejas, sus comunidades y con Dios fue esencial en este proceso de curación.

Parejas. Cultivar la comunicación abierta, el amor mutuo, la afirmación y la empatía en nuestros matrimonios nos ayuda a sentirnos seguros para explorar cada parte de nosotros mismos. Hablar de nuestras vulnerabilidades da miedo, sobre todo cuando tales vulnerabilidades están relacionadas con temas silenciados por nuestra religión o nuestra cultura (como puede ser el sexo). Sin embargo, dejarse llevar con calma ante la incomodidad de las conversaciones difíciles profundiza la intimidad y fomenta experiencias sexuales más satisfactorias. Una mujer describió esto en su relación con su esposo:

«Hablábamos mucho de sexo y de cosas como '¿podemos probar esto?' o 'me he sentido un poco rara con eso' o 'antes me gustaba eso, pero ya no tanto'. Creo que nos esforzamos por hablar de ello cuando nos sentimos incómodos y vulnerables porque nos importa mucho, ya sabe, en términos de matrimonio».

En lugar de apaciguarse o desconectarse, pudieron compartir, estar presentes y amarse mutuamente al mantener conversaciones complicadas. Su apertura y aceptación el uno del otro les permitió conectar profundamente.

Cuando compartimos abiertamente, necesitamos ser recibidos con dulzura, cuidado y empatía para sentirnos seguros. Cuando alguien se muestra empático con nuestros sentimientos y experiencias, significa que también se está siendo abierto, vulnerable y conmovido por lo que decimos: nos escucha y nos da espacio.

Jennifer, una mujer de nuestro estudio, describe maravillosamente su transformación interna al recibir la empatía de su marido, Walter. Al principio, Jennifer pensó que "era un mentiroso" cuando Walter le afirmó que era guapa. Le parecía imposible que él pudiera amarla y disfrutar de ella. Jennifer descubrió que desconectaba de él en esos momentos, porque estaba desconectando de sí misma. Pero a Walter le dolía mucho oírla decir: "Odio mi cuerpo". A veces lloraba de dolor y le decía: "Ojalá pudieras ver quién eres en realidad".

Su persistencia en cuidarla, sufrir con ella y ver realmente su belleza la ayudó. Empezó a darse cuenta de que su odio hacia sí misma era también una falta de amor hacia él, porque rompía su conexión. Cuando Jennifer empatizó con el dolor de Walter fue capaz de volver en sí y cuidar de su yo más verdadero y profundo. Pudo dejar de "torturar su cuerpo", abrazarse a sí misma y a su sexualidad. Esta historia refleja una verdad que se revela en los viajes de muchas otras personas: cuando se nos ve profundamente y se empatiza con nosotros, entramos en una conexión más profunda con quienes somos y con los demás.

Comunidad. Aunque la relación con nuestro cónyuge puede fomentar y apoyar la resistencia a la vergüenza sexual, las relaciones con la comunidad también son una poderosa fuerza de curación. Hay una gran belleza y significado en la vulnerabilidad mutua con nuestras amistades. A menudo, la vulnerabilidad de un amigo puede abrirnos a una exposición y transformación más profundas.

Por ejemplo, solo después de que una amiga de Mary le contara su historia de vergüenza sexual, Mary se sintió lo suficientemente segura como para hablar por fin con alguien sobre su propia vergüenza. A Mary le resultó profundamente terapéutico oír a su amiga validar sus sentimientos y decir: "¡Sí! ¡Claro que se siente así! Está bien sentirse así... Eso te afecta a ti... Y sigue siendo real y verdadero". Contó sobre cómo se sentía "mucho más ligera" al liberarse de su vergüenza y ser recibida con amor y compasión. Ella recuerda: "...eso fue realmente útil, simplemente ver la verdad, porque cuando es secreto, siempre es mucho más grande" Al sacar a la luz su vergüenza, el poder de su oscuridad ya no podía ser sostenido. Cuando somos valientes y nos mostramos, y contamos nuestras historias a alguien en quien podemos confiar, eso también les da fuerza y valor para mostrarse a sí mismos.

Dios. Nuestra espiritualidad y nuestra relación con Dios son una fuente importante de curación y construyen nuestro camino hacia la plenitud. El cambio de una concepción de la sexualidad basada en normas y en la vergüenza hacia un sentido de la sexualidad basado en la afirmación y la experiencia plena suele producirse en el contexto de una relación con Dios. Cuando somos capaces de recibir y experimentar la plenitud de la infinita gracia de Dios y escuchamos su voz amorosa dirigirse hacia nosotros y hacia nuestros cuerpos, nos abrimos a extender la misma gracia y amor hacia nosotros mismos y a los demás.

Curiosamente, la forma en que experimentamos a Dios tiene un impacto significativo en nuestra sexualidad. Los investigadores han descubierto que si una persona cree que Dios es punitivo, duro y crítico, es más probable que tenga evaluaciones críticas de acerca de sexualidad.[18] Según nuestra investigación, quienes fueron capaces de recibir la profundidad del amor que Dios les ofrecía pudieron ver su sexualidad como un don.

Por ejemplo, un hombre que durante años había experimentado una profunda lucha contra la adicción sexual, habló de un encuentro divino con un Dios amoroso como algo profundamente sanador. Dijo que a través de esta experiencia y de otras aprendió que "Dios se ocupa de la sexualidad y quiere involucrarse en su caos, en su belleza, en su oscuridad; para crear realmente algo asombroso que no conlleve vergüenza y esté lleno de gracia". Para este hombre, esta experiencia significó que Dios afirmaba que su sexualidad era tan profundamente *buena* que empezó a desear expresarla de un modo que fuera honroso, seguro y amoroso. Al momento de la entrevista no había "recaído" en su adicción al sexo y seguía libre de la vergüenza de su pasado. En vez de dejarse llevar por su adicción, pudo dar y recibir plenamente en sus relaciones con su esposa y el Señor.

A través del encuentro con el amor, la belleza y la afirmación del placer y el deseo con ayuda de Dios, comenzamos a abrazar de todo corazón nuestra sexualidad como símbolo de intimidad con él. Puede ser útil dedicar algún tiempo a la oración y a escribir un diario, y hacer preguntas para escuchar cómo Dios nos ve a nosotros, a nuestro cuerpo y a nuestra sexualidad. Al comprometernos con él, la comunidad y nuestras parejas, caminamos hacia una expresión sexual encarnada de profunda conexión y plenitud.

EL PAPEL DE LA SEXUALIDAD EN LA MUTUALIDAD Y LA INTIMIDAD

Esperamos haberle animado con la visión de que nuestros cuerpos, concretamente nuestra sexualidad, son parte integral del conocimiento y el amor mutuos, y del conocimiento y el amor a Dios. Jesús, quien es plenamente hombre y plenamente Dios, revoluciona y transforma el modo en que abordamos nuestro cuerpo, nuestro espíritu, nuestras emociones, nuestras relaciones y nuestra sexualidad. En una época de rígida separación entre hombres y mujeres, Jesús derribó barreras y nos mostró la posibilidad de la plenitud y la intimidad, abrazando nuestra parte física.

Nuestro físico no es menos importante o puro que nuestra espiritualidad, sino que están unido a ella en las relaciones con nuestras parejas. Es posible vivir nuestra intimidad sexual de forma integrada y armoniosa, de modo que nuestra espiritualidad enriquezca y dé sentido a nuestra sexualidad, y viceversa.[19] Curiosamente, cada vez más investigadores han empezado a identificar vínculos entre nuestras experiencias religiosas y espirituales con nuestra sexualidad. Por ejemplo, algunos han descubierto que la percepción de que el vínculo sexual es sagrado predice un aumento de la satisfacción conyugal, la satisfacción sexual, una mayor frecuencia de la actividad íntima y una mayor cercanía sexual y espiritual en parejas heterosexuales recién casadas.[20]

Otro investigador, que exploró las experiencias y el significado de los "encuentros sexuales y espirituales profundos" en parejas cristianas, descubrió temas comunes como la sensación de asombro y trascendencia, la experiencia de la presencia de Dios y el sentimiento de intensa unión mutua.[21] A través de estas experiencias sexuales, las parejas experimentaron transformación y sanación, empoderamiento e igualdad de género. Estas experiencias suponen una ruptura del dualismo y afirman que el cuerpo, el alma y el espíritu pueden entrecruzarse, dando lugar a "vínculos extáticos hacia nuevas y maravillosas alturas".[22] La experiencia de integración entre espiritualidad y sexualidad rompe las cadenas del patriarcado y la vergüenza, dando lugar a la plenitud y conexión con uno mismo y con los demás.

CÓMO COMPROMETER LA SEXUALIDAD DE FORMA SIGNIFICATIVA EN SU MATRIMONIO

Para encaminar este capítulo a su enfoque más práctico, le invitamos a emprender un viaje hacia comprometer su sexualidad de forma significativa en su matrimonio. Le invitamos a construir con su pareja una relación sexual que les aporte la plena conciencia de haber sido creados para la relación, al experimentar la cercanía en y a través de sus cuerpos, en lugar de a pesar de ellos. Esto es mucho más de lo que retrata Hollywood. Y es más complejo que simplemente "seguir las reglas" de la abstinencia prematrimonial, lo que al final provoca como resultado unos "fuegos artificiales" sexuales perfectos al casarse. En el vínculo sexual con su cónyuge, tienen ambos la oportunidad de darse mutuamente el regalo de estar desnudos y sin vergüenza, de amar y ser amados, y de buscar a Dios en la intimidad vulnerable y afirmadora de la vida.

PREGUNTAS PARA LA REFLEXIÓN INDIVIDUAL O EL DEBATE EN GRUPO

Repasando los temas que hemos explorado hasta ahora, le invitamos a contemplar su viaje en la sexualidad y a trazar un mapa que indique hacia dónde quiere crecer. Como ser sexual, la forma en que usted se experimenta a sí mismo y a su sexualidad es única. ¿Qué aporta usted en su visión y experiencia a su propio cuerpo? Ser visto y reconocido en las relaciones empáticas con los demás, con la pareja y con Dios, es una parte vital para abrazar una sexualidad plena. Este viaje lleva su tiempo, y las preguntas que figuran a continuación son pistas para iniciar el debate y la reflexión. Esperamos que algunas preguntas puedan ser vivificantes en formatos seguros de grupos pequeños, mientras que otras pueden ser más útiles para la reflexión individual, o con la propia pareja.

Preguntas Generales

- Teniendo en cuenta sus experiencias únicas como ser sexual, ¿qué mensajes, positivos y negativos, ha interiorizado a lo largo de su vida?

- ¿Cómo expresaban el amor y el afecto entre sí las personas de su familia de origen? ¿Qué se enseñó sobre el pudor, el desarrollo de la sexualidad y el comportamiento sexual? ¿Cómo enfocaban sus padres esta educación? ¿Estuvo expuesto/a de pequeño/a a juegos de temática sexual o a material erótico (como la pornografía)?

- ¿Puede identificar los mensajes contradictorios que ha aceptado sobre el género y el sexo? ¿Cuáles son los valores culturales que ha adquirido sobre la sexualidad? ¿Qué mensajes religiosos ha aprendido? ¿Cómo ha dado sentido a los mensajes contradictorios que ha escuchado?

- ¿Cuál era su visión del sexo cuando era pequeño? ¿Cómo ha cambiado a lo largo de su vida? ¿Cómo la describiría hoy?

- ¿Ha sentido vergüenza de su sexualidad? En caso afirmativo, ¿cómo experimentó eso en su cuerpo y en sus relaciones?

PREGUNTAS ESPECÍFICAMENTE RECOMENDADAS PARA PAREJAS

- Describa sus primeras experiencias con la atracción sexual.
- ¿Cuál es su historial de citas? ¿Qué relaciones han sido más significativas en la formación de su experiencia como hombre o mujer? ¿Cuáles ha sido su experiencia con los besos, las caricias, el sexo oral y el coito?
- ¿Hasta qué punto ha estado expuesto o expuesta a, y ha utilizado material erótico o pornografía?
- ¿Ha experimentado abuso físico, sexual o emocional? ¿Cómo?
- ¿Qué expectativas y temores tiene sobre su vida sexual actualmente? Describa su vida sexual ideal.
- ¿Cómo se relaciona su vida espiritual con su vida sexual?
- ¿Cómo espera crecer en su sexualidad?
- ¿Cómo sabe lo que le resulta seguro, libre y amoroso en la expresión sexual?

EJERCICIOS PRÁCTICOS

Los dos ejercicios siguientes se proponen para fomentar una experiencia corporal e intimidad positivas.

EXPERIMENTAR SU PROPIA DESNUDEZ

Para este ejercicio, le invitamos a que pase un tiempo desnudo/a. Usted decide cuánto: para algunas personas, cinco minutos es suficiente, mientras que otras pueden continuar con el ejercicio durante una hora. Para muchos, se trata de una práctica poco habitual. Al fin y al cabo, la desnudez suele asociarse al baño y al sexo. Durante este ejercicio, practique observar sin prejuicios cada parte de su cuerpo, desde el cabello hasta los pies. No se fije únicamente en la apariencia, sino en cómo se siente el estar en cada parte de éste y experimentar el mundo a través de él. ¿Considera que algunas partes son más importantes para efectos de "ser usted" que otras? ¿Puede estirar su imaginación sobre el ser usted mismo/a incluso hacia su dedo pequeño del pie? Observe la fuerza de su cuerpo para sostenerle, note si experimenta dolor o tensión en algún lugar, e intente sentir autoaceptación y aprecio por el cuerpo que le da acceso al mundo.

Para llevar esta experiencia encarnada a un lugar espiritual relacional, practique ser consciente de la mirada de nuestro Dios creador al notar su propia desnudez. Permítase recordar en oración la verdad sobre quien tejió todo su cuerpo. Sea consciente de la aprobación, el amor, el conocimiento íntimo de Dios hacia todo su ser. Permita que la desnudez física represente literal y metafóricamente que usted es visto/a y conocido/a por el Creador. En este ejercicio, puede que experimente sentimientos y reacciones incómodos; si es así, no se preocupe por esto, simplemente nótelos y déjelos estar. Y lo que es más importante, escuche la voz de amor de Dios. Este ejercicio puede repetirse y profundizarse a medida que disminuyen las sensaciones y reacciones incómodas, y se ahonda en la conciencia y apreciación del cuerpo en diálogo con el Creador amoroso.

ENFOQUE SENSORIAL PARA PAREJAS

El enfoque sensorial es un componente habitual de la terapia sexual en el que los miembros de la pareja se turnan los papeles de "activo" y "pasivo", y practican la expresión sensual e íntima sin coito. Para este ejercicio, debe disponer de al menos treinta minutos en un espacio privado. El miembro "pasivo" de la pareja se enfoca en centrar su atención en las sensaciones que experimenta al ser acariciado por su pareja, permitiéndose incluso ser "egoísta" en este disfrute. El miembro "activo" de la pareja se encarga de acariciar suavemente al otro por todo el cuerpo, excluyendo las zonas erógenas (las partes del cuerpo que pueden estimularse para la excitación sexual como los pechos, los genitales, la cara interna de los muslos y la boca).

Para este ejercicio, ambos están desnudos. El miembro pasivo se tumba boca abajo mientras el miembro activo le acaricia en forma placentera. No existe una "manera correcta" de hacerlo, sino que el miembro pasivo comparte lo que le resulta agradable y expresa si hay alguna zona que no le gusta que sea tocada. El miembro activo comienza por la nuca, las orejas y desciende hasta los glúteos, las piernas y los pies, utilizando las manos y/o los labios para acariciar al compañero pasivo. El miembro activo se enfoca en lo que siente al tocar a la otra persona, observando lo que su cuerpo disfruta y aprecia. Una vez completado el barrido de pies a cabeza, el miembro pasivo puede girar sobre su espalda y el activo pasa a acariciar la parte delantera del cuerpo, evitando las zonas erógenas.

Durante este tiempo, el miembro pasivo centra su atención en todas las sensaciones, intentando no pensar en nada más, ni siquiera en si la otra persona puede estar cansándose. En el ejercicio de enfoque sensorial, el trabajo del miembro pasivo es centrarse en la experiencia de ser complacido, dejando saber a la pareja cómo se siente, cómo es la presión, y dando retroalimentación sobre el ritmo. No hable demasiado durante este ejercicio, ya que la atención se centra en sintonizar con las propias sensaciones y las de la otra persona.

Durante la misma sesión de práctica o en otro momento poco después, la pareja cambia de roles, adoptando los papeles opuestos de "activo" y "pasivo" y se repite el ejercicio. Después de practicar varias veces este contacto sin demanda, se pueden incluir zonas erógenas en el ejercicio, pero se anima a las parejas a que lo practiquen sin llegar al coito. El objetivo principal es ampliar el repertorio de caricias sensuales, alimentando la intimidad de forma segura, mutuamente satisfactoria. Y no centrarse en el contacto genital y el orgasmo, que a menudo son el único objetivo de la interacción sexual.

A través, y dentro de nuestros cuerpos, en intimidad mutua, podemos experimentar seguridad, libertad, placer y conexión. Deseamos que experimente una alegría y un amor crecientes en su vida sexual a medida que profundiza en su autocomprensión;

y busca la gracia, la autoaceptación y la plenitud en el amor de Dios.

LECTURAS RECOMENDADAS

Reavivando el deseo en la pareja, por Barry McCarthy y Emily McCarthy. Nueva York: Taylor and Francis, 2014.

Embracing the Body: Finding God in Our Flesh and Bone, por Tara Owens. Downers Grove: IVP Books, 2015.

The Heart of Desire: Keys to the Pleasures of Love, por Stella Resnick. Nueva York: Wiley, 2012.

A Celebration of Sex: A Guide to Enjoying God's Gift of Sexual Intimacy, por Douglas Rosenau. Nashville: Thomas Nelson, 2002.

Sex for Christians: The Limits and Liberties of Sexual Living (Rev. Ed.), por Lewis Smedes. Grand Rapids: W. E. Eerdmans, 1994.

¿Qué pasa con...?

– 7 –

¿Qué pasa con la jefatura?

De la jerarquía a la igualdad

Philip B. Payne

En Cristo, no hay ninguna división hombre-mujer (Gál. 3:28; 1 Cor. 11:11). Jesús y Pablo enseñan un modo radicalmente nuevo de vivir juntos en el amor y la sumisión mutua, un modo que, puedo atestiguar, conduce a la paz, a la alegría y a la madurez de ambos miembros de la pareja. Por el contrario, los matrimonios basados en la jefatura masculina tienden a inhibir el libre intercambio de ideas entre iguales, que es algo que desarrolla la madurez en esposas y esposos. En las amistades íntimas no es natural que un amigo tenga siempre la última palabra en la toma de decisiones. ¿Cómo se sentiría si su mejor amigo le dijera que de ahora en más siempre tendrá que someterse a su autoridad? ¿Favorecería el crecimiento de su amistad? ¿Favorecería la madurez de ambos amigos? No, y quizá por eso tanto Jesús como Pablo promueven relaciones personales estrechas, de respeto mutuo y entrega.

Crecí en un hogar cristiano donde mi papá era la cabeza de familia. Pero algo sucedió en 1973 que me hizo examinar lo que las Escrituras enseñan sobre el hombre y la mujer. Cuando comenzaba mis estudios de doctorado en Nuevo

Testamento en la Universidad de Cambridge, me sorprendió oír a un profesor afirmar: "No hay ningún pasaje en el Nuevo Testamento que limite el ministerio de la mujer". Estuve a punto de gritar: "¡Eso no es verdad!" Estaba decidido a demostrar que se equivocaba. Pero después de meses examinando el Nuevo Testamento en griego, tuve que admitir que tenía razón: el Nuevo Testamento claramente nunca limita el ministerio de la mujer, sino que lo afirma muchas veces.

Sin embargo, después de este descubrimiento, seguía pensando que la Biblia otorgaba a los maridos la autoridad final en el hogar. Insistí en que mi mujer incluyera la sumisión a mí en sus votos matrimoniales. Pensé que estaba justificado por dos razones fundamentales, ambas extraídas de Efesios 5. En primer lugar, Efesios 5:24 enseña: "De donde así como la Iglesia está sujeta a Cristo, así las mujeres lo han de estar a sus maridos en todo". En segundo lugar, Efesios 5:23 dice: "Por cuanto el hombre es cabeza de la mujer, así como Cristo es cabeza de la Iglesia, que es su cuerpo místico, del cual él mismo es salvador". Su significado parecía obvio: que la mujer debe someterse al marido y que el marido es la cabeza de familia y ejerce autoridad sobre su mujer.

Sin embargo, una investigación más profunda de las Escrituras me llevó a descubrir que estos pasajes no apoyan el liderazgo masculino absoluto en el matrimonio, sino que enseñan la sumisión mutua y la entrega. Parte del problema se debe al legado de traducciones como algunas presentes en la NVI, la RSV, la NRSV y la ESV, que ocultan cómo definió

Pablo "cabeza" en el versículo 23 y dividen incorrectamente la frase que incluye Efesios 5:21-24 en dos párrafos separados. Otro problema es no interpretar las Escrituras como un todo unido y, en su lugar, elegir versículos para que encajen con el punto de vista favorito de cada uno. Al considerar conjuntamente la lengua original del Nuevo Testamento, descubriremos afirmaciones claras sobre la sumisión mutua en el matrimonio.

LA SUMISIÓN MUTUA EN EL MATRIMONIO

Antes de examinar la noción de la autoridad masculina en el matrimonio, consideremos tres enseñanzas bíblicas clave que desafían la idea de que "las esposas deben someterse a sus maridos en todo". En primer lugar, las esposas no deben someterse a sus maridos cuando se les pide que pequen. En Hechos 5:8-10 queda claro que Safira se equivocó rotundamente al estar de acuerdo con su marido Ananías. Ella no se estaba sometiendo "como la Iglesia está sujeta a Cristo", ¡pues Cristo nunca nos llamaría a "mentir al Espíritu Santo"! En consecuencia, "como la Iglesia está sujeta a Cristo" es una aseveración crucial que libera a las esposas de someterse a cualquier cosa que Cristo prohíba.

En segundo lugar, la sumisión *mutua* es el contexto explícito presente en Efesios 5:21-33. Pablo no da aquí ningún mandamiento aplicado solo a los maridos o a las esposas. Los primeros padres de la Iglesia también insistieron en que la sumisión en el cuerpo de Cristo es, en verdad, mutua, y se aplica a todos, incluso a los obispos.[1] Orígenes, Jerónimo y Crisóstomo confirmaron que la sumisión de la esposa es únicamente una faceta de la sumisión mutua.[2] La sumisión mutua entre marido y mujer consiste en que ambos se pongan a disposición del otro. Se trata, según el léxico griego más fiable, de la mutua "cesión voluntaria en el amor" (BDAG 1042).

El contexto de Efesios 5:23 comienza con el versículo 18, donde Pablo ordena a todos los creyentes: "llenaos del Espíritu Santo". Él describe cómo vivir una vida llena del Espíritu mediante una serie de mandatos paralelos en una larga frase griega. El último mandato se encuentra en los versículos 21-22: "subordinados unos a otros por el santo temor de Cristo. Las casadas estén sujetas a sus maridos, como al Señor; por..."

Los manuscritos griegos más antiguos no muestran el término "estar sujeto" en el versículo 22.[3] Así pues, aunque el versículo 22 es traducido a menudo como "Esposas, someteos a vuestros maridos...", en realidad, el verbo "someteros" solo se encuentra en el versículo 21. Esto muestra que el versículo 22 está vinculado a, y aplica la dirección del versículo 21 de "subordinados unos a otros por el santo temor de Cristo".

En tercer lugar, la Biblia afirma la igualdad de derechos y obligaciones entre el hombre y la mujer en el matrimonio. La obra más larga y detallada de Pablo sobre el matrimonio se encuentra en 1 Corintios 7. Este pasaje nunca implica el liderazgo del marido, o que esposos y esposas deban tener papeles diferentes. Identifica exactamente los mismos derechos y responsabilidades para ambos en relación con doce cuestiones diferentes acerca del matrimonio, naturales y espirituales. Las redacciones simétricamente equilibradas subrayan la igualdad entre hombres y mujeres:

7:2 «viva cada uno con su mujer, y cada una con su marido».

7:3 «El marido pague a la mujer el débito, y de la misma suerte la mujer al marido».

7:4 «Porque la mujer casada no es dueña de su cuerpo, sino que lo es el marido. Y así mismo el marido no es dueño de su cuerpo, sino que lo es la mujer».

7:5 «No queráis, pues, defraudaros el derecho recíproco, a no ser por algún tiempo de común acuerdo».

7:10–11 "que la mujer no se separe[4] del marido... Ni tampoco el marido repudie a su mujer".[5]

7:12-13 «si algún hermano tiene por mujer a una infiel o idólatra, y ésta consiente en habitar con él, no la repudie. Y si alguna mujer fiel o cristiana tiene por marido a un infiel, y éste consiente en habitar con ella, no abandone a su marido».

7:14 «Porque un marido infiel es santificado por la mujer fiel, y la mujer infiel santificada por el marido fiel».

7:15 «Pero si el infiel se separa, ... ni nuestro hermano, ni nuestra hermana deben sujetarse a servidumbre».

7:16 «¿Sabes tú, mujer, si salvarás o convertirás al marido?; ¿y tú, marido, sabes si salvarás a la mujer?

7:28 «Si te casares, no por eso pecas. Y si una doncella se casa, tampoco peca».

7:32, 34b «El que no tiene mujer, anda únicamente solícito de las cosas del Señor, y en lo que ha de hacer para agradar a Dios. De la misma manera la mujer no casada, y una virgen, piensa en las cosas de Dios, para ser santa en cuerpo y alma».

7:33-34a, 34c «Al contrario, el que tiene mujer anda afanado en las cosas del mundo, y en cómo ha de agradar a la mujer, y así se halla dividido. Mas la casada piensa en las cosas del mundo, y en cómo ha de agradar al marido»

La sorprendente dinámica igualitaria del matrimonio expresada en este pasaje no tiene parangón en la literatura del mundo antiguo, que consideraba el matrimonio como jerárquico.[6] El estudioso de la Biblia Richard Hays, observando lo revolucionario de esto, escribe: "Pablo ofrece una visión que rompe paradigmas del matrimonio como una relación en la que los cónyuges están unidos en sumisión el uno al otro".[7]

Un principio fundamental para el estudio de la Biblia es interpretar los pasajes en armonía con otros pasajes del mismo autor. Además, dado que Dios es el autor último del texto original de las Escrituras, debemos interpretar los pasajes a la luz de las claras enseñanzas de toda la Biblia. Se debe rechazar cualquier interpretación jerárquica que contradiga la enseñanza de igualdad de derechos y responsabilidades para marido y mujer compartida en 1 Corintios 7.

¿Qué quiere decir Pablo con «el marido es cabeza de su mujer»?

Habiendo demostrado que Pablo no enseña la idea de la sumisión unilateral por parte de la mujer al marido, consideremos el liderazgo masculino en el matrimonio. Había pensado, como la mayoría de los lectores ingleses, que la frase *"the husband is head of his wife"* (el marido es cabeza de su mujer) enseña que el marido está una posición de autoridad y tiene la última palabra en las decisiones familiares. Décadas de estudio del uso griego de la palabra "cabeza" me demostraron que también estaba equivocado en esto. En la práctica, también, descubrí que mi asunción del liderazgo era a menudo tóxica para la salud de mi matrimonio. Por el contrario, la práctica de la sumisión mutua ha fortalecido nuestra unión.

Mi comprensión de este pasaje fue cambiando gradualmente a medida que examinaba la estructura de su argumento y el significado de sus palabras en griego. A continuación, presento mi propia traducción de Efesios 5:18-32, que refleja fielmente el mensaje de los primeros manuscritos griegos. Las palabras inglesas sin equivalente griego directo aparecen en cursiva.

No se emborrachen con vino, que lleva al libertinaje. Por el contrario, estad llenos *del* Espíritu, habladnos unos a otros con salmos, himnos y cánticos *del* Espíritu, cantando y haciendo música de corazón al Señor, dando siempre gracias por todo en *el* nombre de nuestro Señor Jesucristo a Dios Padre. Sometednos unos a otros por reverencia a Cristo, las esposas a sus propios maridos como al Señor, porque un marido es «cabeza» de *su* esposa, como también Cristo es «cabeza» de la Iglesia en el sentido de que él es salvador del cuerpo *a través de la entrega de sí mismo en el amor por el cuerpo*. Así como la Iglesia se somete a Cristo, también las esposas *deben someterse* a sus maridos en todo.[8]

Maridos, amad *a vuestras* mujeres, como también Cristo amó a la Iglesia y se entregó a sí mismo para santificarla, purificándola en el lavamiento del agua *según las* enseñanzas divinas»,[9] y para presentársela a sí mismo como la Iglesia resplandeciente, sin mancha, ni arruga, ni defecto alguno; sino santa e intachable. Del mismo modo, los maridos deben amar a sus mujeres como a sus propios cuerpos. El que ama a su propia mujer se ama a sí mismo. Al fin y al cabo, nadie ha odiado nunca su propio cuerpo, sino que lo alimenta y lo cuida, como Cristo *hace con* la Iglesia, pues somos miembros de su cuerpo. «Por esta razón el hombre dejará a *su* padre y a su madre y se unirá a su mujer, y los dos se convertirán en una sola carne». Es un misterio profundo, pero estamos hablando de Cristo y de la Iglesia. Sin embargo, esto también es esencial: cada hombre debe amar a su mujer como a sí mismo, y la mujer respetar a su marido.

En el versículo 32, Pablo explica que este pasaje trata principalmente de Cristo y de la Iglesia. La referencia al matrimonio comienza en el versículo 22 como ilustración de la sumisión de unos a otros por reverencia a Cristo, y Pablo se refiere en casi todos los versículos a Cristo y a la Iglesia.

«JEFATURA»

Antes de continuar, detengámonos a considerar lo que entendemos por "jefatura". El diccionario *Webster's New World Dictionary* expone el significado típico inglés, al igual que la mayoría de los diccionarios ingleses, al definir "jefatura" como, "la posición o autoridad de un jefe o líder; liderazgo; mando". Muchos suponen que Efesios 5 enseña la jefatura del marido sobre su mujer, pero la palabra "jefatura" no aparece en ninguna parte de la Biblia.

Puesto que el marido no es físicamente la "cabeza" de su mujer, todos los eruditos coinciden en que "cabeza" es aquí una metáfora. En inglés, "leader" es el significado metafórico más común de "cabeza", como "head of the company" (presidente de la empresa). Muchos lectores ingleses conocen la expresión "the husband is the head of the family" (el marido es la cabeza de la familia) que no figura en la Biblia, y suponen que Pablo enseñó que el marido es "cabeza" de la mujer para ejercer autoridad sobre ella. Pero ¿es así como habrían entendido la palabra "cabeza" los griegos contemporáneos de Pablo?

Según el teólogo suizo Markus Barth, en Efesios 5:23 se halla la primera referencia conocida del marido como "cabeza de su mujer", lo que según el investigador, debe entenderse como un concepto original del autor de Efesios.[10] Si Barth está en lo correcto, Pablo estaba acuñando una metáfora nueva. Por lo tanto, debemos preguntarnos qué pretendía en el contexto de Efesios 5, y qué significado griego establecido mediante la palabra "cabeza" encaja mejor allí. Tras una extensa investigación, muchos respetados eruditos griegos han llegado a la conclusión de que "cabeza" (en ese contexto) no implica "jefatura" en el mismo sentido inglés de "posición de autoridad que tiene un jefe o líder". A la luz de otras enseñanzas de Pablo sobre el matrimonio, es crucial examinar el uso griego de "cabeza" y el uso que él hace de "cabeza" en otros escritos.

«CABEZA» EN LOS DICCIONARIOS DE USO DEL GRIEGO HASTA EL NUEVO TESTAMENTO

El uso griego de la palabra "cabeza" se aborda en el diccionario griego más exhaustivo, llamado "LSJ".[11] El LSJ enumera cuarenta y ocho significados para "cabeza", pero no muestra "líder", "autoridad" ni nada relacionado con lo que quiere decir "cabeza".[12]

Prácticamente todos los diccionarios griegos seculares que abarcan el uso del término hasta la época del Nuevo Testamento no dan un solo ejemplo de la palabra griega para cabeza (*kephale*) que suponga autoridad.[13] El diccionario más exhaustivo del Nuevo Testamento concluye que según el uso secular, esta palabra "no se emplea para la cabeza de una sociedad. Esto se encuentra por primera vez en el ámbito del Antiguo Testamento griego".[14]

"CABEZA" EN LA TRADUCCIÓN GRIEGA DEL ANTIGUO TESTAMENTO

La palabra "cabeza" en hebreo como forma de decir "líder" en las Escrituras hebreas, aparece 171 veces.[15] La NASB, una traducción literal al inglés, refleja el uso metafórico de la palabra "cabeza" como "líder" (algo muy común en inglés) en la traducción de 115 de esos 171 casos.[16] Sin embargo, el Antiguo Testamento griego estándar utilizado en las iglesias de la época de Pablo, conocido como los LXX, utiliza la palabra griega *kephale* (cabeza) como un término que pretende significar "líder" solo una vez.[17] La ausencia casi completa del uso de "cabeza" (*kephale*) como "líder" en los LXX, demuestra que sus traductores no reconocen *kephale* como una forma natural para "líder" en griego. Si fuera común en griego querer decir "líder" utilizando la palabra "cabeza" de manera metafórica, esperaríamos que en los LXX se tradujera así la mayoría de estas 171 instancias, pero no sucede. Cabe señalar que, con mucha frecuencia (en 226 de 239 veces) escogieron precisamente *kephale* cuando se trataba de una cabeza física.

El fuerte contraste entre el uso de "cabeza" como forma de "líder" en hebreo e inglés, y un solo uso claro en los LXX es algo especialmente llamativo por dos razones. En primer lugar, va en contra de la tendencia de los traductores de los LXX a reemplazar las palabras hebreas con el equivalente griego más próximo. Sabemos que *kephale* era el equivalente más cercano debido a su uso abrumador cuando se refiere a una cabeza literal. En segundo lugar, está ampliamente documentado que en los LXX "Las palabras griegas amplían su significado de forma no griega después de sustituir la palabra hebrea que traducen".[18][19] El hecho de que a pesar de esta tendencia solo haya un caso evidente en que los LXX utilizaran *kephale* como metáfora para "líder" muestra que el término griego no expresaba lo mismo de forma natural.

Esto es importante porque nos advierte que no debemos suponer que cuando Pablo hablaba de Cristo como "cabeza" de la Iglesia, o de un marido como "cabeza" de su mujer, haya querido decir "líder" o que estaba implicando una estructura de autoridad. De hecho, este significado era tan ajeno a los traductores griegos, que incluso cuando "cabeza" en griego era la opción más obvia para "cabeza" en hebreo, en los LXX casi nunca se usó.

Para resumir, tanto los diccionarios griegos seculares como la traducción griega estándar de las Escrituras utilizada por Pablo y en las iglesias, dan pruebas contundentes de que "líder" no era un significado griego común de "cabeza". Sólo si Pablo explicara claramente que por "cabeza" se deba entender "líder", sería probable que sus lectores reconocieran dicho significado. En consecuencia, debemos ser cautelosos. No sea que adjudiquemos el sentido inglés de "líder" a los usos de Pablo de la palabra "cabeza". De hecho, deberíamos esperar un significado diferente cuando Pablo utiliza "cabeza" como metáfora.

CRITERIOS OBJETIVOS PARA DETERMINAR QUÉ SIGNIFICA «CABEZA» EN EFESIOS 5:23

Los principios estándar de interpretación proporcionan tres bases objetivas para decidir qué significado quiso dar Pablo a la palabra "cabeza" en Efesios 5:23:

1. El principio de la regla de oro pregunta: «¿Definió el autor el significado de esta palabra en este contexto?» Los autores suelen hacerlo añadiendo una frase paralela que sustituye a una palabra para explicar el significado que pretenden. Esto se llama «aposición».
2. ¿Hay algo en el contexto literario, además de la definición del autor, que explique el significado de la palabra o que entre en conflicto con los significados propuestos?
3. ¿Cómo utiliza el autor esta palabra en otros lugares, especialmente en contextos similares?

Cuando estos principios se aplican a Efesios 5:23, los tres apoyan que "cabeza" significa "salvador", queriendo decir: "fuente de amor y alimento".

PRINCIPIO 1: PABLO DEFINE "CABEZA" COMO "FUENTE" EN COLOSENSES 1:18 Y COMO «SALVADOR» EN EFESIOS 5:23

En dos ocasiones, Pablo define lo que quiere decir con *kephale* utilizando la aposición, una frase paralela que sustituye a una

palabra para explicar lo que da a entender por "cabeza".
Colosenses 1:18: "Él es la cabeza (*kephale*) del cuerpo de la
Iglesia, y el *arche*", siendo este último el "origen" (NEB) o "la
fuente de la vida del cuerpo" (TEV).[20] Los versículos 20–22
explican dos veces que Cristo se convirtió en la fuente de la
Iglesia "restableciendo la paz... por medio de la sangre que
derramó en la cruz... en el cuerpo mortal de su carne por medio
de la muerte".

Pablo define "cabeza" en Efesios 5:23 como "salvador" en un
sentido de "fuente de amor y alimento": "Porque el marido es
cabeza de la mujer..." como:

Cristo [es]	cabeza	del/de la	Iglesia
Él	salvador	del	cuerpo

ho Christos	kephale	tes	ekklesias
autos	soter	tou	somatos[21]

Pablo continúa explicando lo que Cristo hizo como salvador
del cuerpo: "Cristo amó a la Iglesia y se entregó a sí mismo
por ella", la "alimenta y cuida". Como cabeza, Cristo es el
salvador de la Iglesia, su *fuente* de amor y de alimento. Del
mismo modo, los maridos, como "cabeza", deben "amar a sus
mujeres como Cristo amó a la Iglesia y se entregó a sí mismo
por ella" y "alimentarlas y cuidarlas" "como Cristo a la Iglesia".
"Cabeza" es una metáfora de "fuente", ya que la cabeza es
la fuente a través de la cual el cuerpo recibe el alimento, el

aliento, la vista, el oído, el olfato y el gusto. Incluso se puede decir que al igual que Cristo es la fuente de vida para la Iglesia, el marido (dentro de la cultura en que vivió Pablo) era la fuente de vida para su mujer, ya que le proporcionaba todo lo esencial para vivir.

El aspecto de "cabeza" que se desarrolla en este pasaje es un llamamiento a los maridos para que amen, se entreguen, nutran y aprecien a sus esposas, del mismo modo en que Cristo, como "cabeza", es la fuente de todo ello para la Iglesia. Este pasaje no llama a los maridos a ejercer autoridad sobre sus esposas, sino a entender la noción de "someterse los unos a los otros", un mandato a la Iglesia que Pablo aplica primero a las esposas en los versículos 22-24, y luego a los maridos en los versículos 25-33. Pablo ordena a los maridos que se sometan a sus esposas amándolas, entregándose a ellas, alimentándolas y apreciándolas.

Muchas versiones de la Biblia conservan correctamente la aposición de Pablo, la cual explica "cabeza" como "salvador".[22] Sin embargo, es trágico que muchas traducciones populares al inglés oculten esto. Algunas versiones insertan "y", lo que da la falsa impresión de que se trata de dos afirmaciones independientes (KJV, RSV, ESV). Otros añaden "de la cual" dando a entender erróneamente que la segunda frase paralela se refiere solo a la Iglesia (NRSV, NIV) en lugar de explicar el significado completo de "cabeza". Unos pocos añaden puntuación y cambian el orden de las palabras, lo que oculta por completo la estructura paralela y aposición originales (RSV,

ESV). Algunas versiones escriben "Salvador" con mayúscula (RSV, ESV), haciendo que parezca un título en lugar de una explicación del significado de "cabeza".[23]

Principio 2: ¿Hay algo más en el contexto que explique lo que significa la palabra?

Además de la explicación de Pablo de que "cabeza" significa salvador como una fuente de amor y alimento, "cabeza" también significa "fuente" en el capítulo previo:

> «antes bien siguiendo la verdad del Evangelio con caridad, en todo vayamos creciendo en Cristo, que es nuestra **cabeza, y de quien** todo el cuerpo místico de los fieles trabado y conexo entre sí con la fe y caridad, recibe por todos los vasos y conductos de comunicación, según la medida correspondiente a cada miembro, el **aumento** propio del cuerpo para su perfección mediante la caridad» (Ef. 4:15–16, énfasis añadido).

Cuando se dice que Cristo es la "cabeza... de quien... hace aumentar el cuerpo" se afirma que Cristo es la fuente del crecimiento del cuerpo. "De quien" implica "fuente". Este pasaje es una inspiración original. En ninguna parte del Antiguo Testamento se habla de Israel como "miembros del cuerpo de Dios".[24] Esto predispone al lector para entender "cabeza" como "fuente" en el capítulo 5.

Además, como vimos anteriormente, la sumisión mutua está en el contexto explícito de Efesios 5:21-24. Esto es incompatible con la interpretación de "cabeza" como el establecimiento de una jerarquía en la que solo la esposa deba ser sumisa a su marido, y a la inversa jamás.

PRINCIPIO 3: ¿CÓMO USA EL AUTOR LA PALABRA EN OTROS LUGARES?

"Cabeza" adquiriendo el significado de "fuente" no solo aparece en el capítulo anterior (4:15-16), sino también en otros pasajes de Pablo, como Colosenses 2:19: "la cabeza, de la que todo el cuerpo... aumenta"[25]. "Fuente" es un sentido que hallamos en nueve[26] de los once usos metafóricos que Pablo hace de *kephale*, mientras que ni siquiera en un caso se ha demostrado que signifique "autoridad sobre".[27]

Los tres principios apoyan claramente que "cabeza" en Efesios 5:23 significa "salvador" como "fuente de amor y alimento". Basándose en una clara comprensión del lenguaje y la intención de Pablo en Efesios 5, ¿cómo se instruye a los esposos y esposas para que vivan su relación matrimonial como seguidores de Jesús?

¿ENSEÑA EFESIOS 5 QUE CRISTO ES EL MODELO SOLO PARA EL MARIDO, Y NO PARA SU MUJER?

En Efesios 5:2, Pablo ordena a toda la Iglesia, incluidas las esposas: "proceded con amor hacia vuestros hermanos, a ejemplo de lo que Cristo nos amó, y se ofreció a sí mismo a

Dios". Efesios 4:13 expresa el objetivo de que todos lleguemos "a la medida de la plenitud de Cristo". Pablo no pide a los maridos nada más que esto.

¿LE ORDENA PABLO SOLO AL MARIDO QUE AME A SU MUJER, Y NO AL REVÉS?

Tito 2:4 llama explícitamente a las mujeres "a amar a sus maridos"

¿ENSEÑA EFESIOS 5 QUE COMO CRISTO TIENE AUTORIDAD SOBRE LA IGLESIA, EL MARIDO DEBE TENER AUTORIDAD SOBRE SU MUJER?

Cristo tiene autoridad sobre la Iglesia, pero ese no es el punto de Pablo en ninguna de sus descripciones de Cristo como "cabeza" de la Iglesia. Siempre que Pablo se refiere a Cristo de esa forma, lo hace para afirmar que él es la fuente de crecimiento, vida, amor, alimento y pureza de la Iglesia (Ef. 4:15; 5:23-33; Col. 1:18-22; 2:19). Las analogías siempre se rompen cuando se compara una relación divino-humana con una relación humano-humana. En consecuencia, Pablo concluye en Efesios 5:32: "Es un misterio profundo, pero estoy hablando de Cristo y de la Iglesia". El punto clave que Pablo subraya una y otra vez en la analogía es: "Amad a vuestras esposas como Cristo amó a la Iglesia". Nunca dice que el marido tenga autoridad sobre la mujer, y menos aún que tenga una autoridad equiparable a la de Cristo sobre la Iglesia. ¡Eso deificaría a los maridos! Crisóstomo niega vehementemente que los maridos tengan la misma autoridad de Cristo.[28] Si Pablo realmente enseñaba el liderazgo masculino en el hogar, ¿por qué 1 Timoteo 5:14 insta a las esposas a "gobernar sus hogares"? Literalmente a "ser déspotas de la casa" (*oikodespotein*).

¿ENSEÑA EFESIOS 5 QUE LAS ESPOSAS DEBEN SOMETERSE A SUS MARIDOS EN TODO?

El mandato explícito en Efesios 5:24 de que "las esposas *deben someterse* a sus maridos en todo" está específicamente queriendo transmitir: "como la Iglesia se somete a Cristo". Sólo "como la Iglesia se somete a Cristo" es que se llama a las esposas a someterse a sus maridos. Como ya se ha señalado, Dios juzgó a Safira digna de muerte por someterse a su marido Ananías, accediendo a mentir (Hec. 5:1-11). En contraste, Samuel 25 elogia a Abigail por no someterse a su marido, Nabal.

¿ORDENA EFESIOS 5-6 LA SUMISIÓN DE LAS ESPOSAS A LOS MARIDOS, DE LOS HIJOS A LOS PADRES Y DE LOS ESCLAVOS A LOS AMOS, PONIÉNDOLOS A TODOS COMO EJEMPLO DE SUMISIÓN DE UNOS CON OTROS?

Los mandatos de Pablo a los amos de "hacer lo mismo con sus esclavos" en Efesios 6:9, y "tratad a los siervos según lo que dictan la justicia y la equidad" en Colosenses 4:1, pueden dar a a entender una idea de sumisión, pero gramaticalmente no están relacionados con "someterse unos a otros". Nada en los mandatos de Pablo a hijos y padres implica sumisión mutua. Ni están gramaticalmente ligados a "someterse unos a otros". Hay doce versículos que desglosan las instrucciones a los hijos de "someterse unos a otros". Ni el pasaje sobre los esclavos ni el de los niños contienen significado alguno de la palabra "someterse".

En el texto original de Efesios 5, "someterse" solo aparece dos veces: "sometiéndose los unos a los otros" y "como la Iglesia se somete a Cristo"; nunca refiriéndose a las esposas. Estas instancias de "sometimiento" proporcionan el contexto apropiado (sumisión mutua) y establecen que las esposas solamente deben someterse a sus maridos "como la Iglesia se somete a Cristo". Algunas versiones crean incorrectamente una ruptura de párrafo entre 5:21 y 22, lo que destroza el enunciado de Pablo, y hace pensar a los lectores que el versículo 21 introduce los tres pares posteriores.

La sumisión mutua introduce la perspectiva de sumisión de la esposa, y prepara el terreno para los mandamientos culturalmente radicales de Pablo a los maridos: "Amad a vuestras mujeres como Cristo amó a la Iglesia y se entregó a sí mismo por ella" (5:25). Este amor implica la sumisión del marido a su mujer y el respeto a ella. En consecuencia, Pablo no distingue la obediencia y el honor que los hijos deben a su padre de los que deben a su madre en Efesios 6:1-2. En un matrimonio no hay "jefe"; marido y mujer son iguales.

Conclusión

Examinándolo de cerca, el Nuevo Testamento no exige la sumisión unidireccional en el matrimonio, ni otorga a uno de los cónyuges la supremacía en la toma de decisiones. El pasaje más extenso de Pablo sobre el matrimonio, 1 Corintios 7, afirma la igualdad entre marido y mujer en doce ámbitos.

Pablo ordena a todos los creyentes que se sometan unos a otros en Efesios 5:21. El enunciado recíproco "el uno al otro" exige que la sumisión sea bilateral, es decir, que vaya en ambos sentidos. Es explícitamente en el contexto de la sumisión mutua que Pablo añade a esta misma frase, "las mujeres a sus propios maridos", la cual depende para su correcto entendimiento del versículo 21 "sometiéndose unos a otros". Los versículos 22-24, en combinación con los subsiguientes mandamientos de Pablo a los maridos (amar, entregarse, alimentar y cuidar a sus esposas) expresan la reciprocidad de la sumisión mutua en el matrimonio. Tanto el marido como la mujer deben subordinar sus deseos en deferencia a lo mejor para el otro, poniéndose a su disposición. La sumisión es ceder voluntariamente en el amor.

Casi ningún diccionario del griego hasta la época del Nuevo Testamento recoge casos en los que "cabeza" signifique algo parecido a "líder" o a "autoridad", pero muchos incluyen "fuente". En Efesios 5:23, Pablo define lo que entiende por "cabeza" como "salvador": "Cristo cabeza de la Iglesia... salvador del cuerpo". A continuación, explica que, como "cabeza/salvador", Cristo es la *fuente* de amor y alimento para la Iglesia, al igual que los maridos deben serlo para sus esposas (5:25, 29). El contexto de sumisión mutua entra en conflicto con la interpretación de "cabeza" cuando se le otorga el sentido de que el marido tiene autoridad sobre su mujer. "Cabeza", que significa "fuente" en Efesios 4:15-16, respalda el uso de "cabeza" como "fuente" en 5:23, al igual que el uso habitual que Pablo hace de "cabeza" en otros lugares. Nueve de los once usos metafóricos que hace Pablo de "cabeza" (*kephale*) tienen sentido como significado de "fuente". La explicación de Pablo de que el marido es "cabeza" de su mujer no implica en absoluto que tenga autoridad sobre ella, sino que subraya el amor nutritivo que se da a sí mismo *por* ella siguiendo el modelo de Cristo; fuente de amor y alimento para la Iglesia.

Pablo insiste sistemáticamente en la igualdad y la sumisión mutua de la esposa y el esposo. Pablo no limita los papeles en función del género. Anima a marido y mujer a relacionarse como iguales que anteponen las necesidades del otro. Su atención no se centra en quién manda, sino en la mejor manera de mostrar amor al prójimo. Así como Cristo dio su vida por nosotros, nosotros debemos vivir nuestra vida los unos por los otros.

PREGUNTAS PARA EL DEBATE Y LA REFLEXIÓN

1. ¿Qué significa someterse los unos a los otros?
2. ¿Cómo cambiaría su perspectiva sobre este pasaje replantear el significado de «cabeza» como «fuente» en lugar de «líder»?
3. ¿Qué otra cosa (o cosas) aprendió de este capítulo y cómo podría repercutir en su matrimonio?

– 8 –
¿Qué pasa con el abuso doméstico?

El abuso doméstico y la teología eclesiástica

Nancy Murphy

MI HISTORIA

La primera vez que mi marido me golpeó, acudí a las Escrituras en busca de orientación. Al haber crecido en la fe cristiana y con amor a Dios, era lo más lógico para mí. Él se fue a dar un paseo y, mientras yo me acurrucaba en un ovillo, recordé versos que había memorizado de niña:

> Igualmente vosotras, mujeres, someteos a vuestros maridos; y así, si alguno de ellos no cree en el mensaje, podrá ser convencido, sin necesidad de palabras, por vuestro comportamiento, al ver vuestra conducta pura y respetuosa (1 Pe. 3:1-2).

Buscando en mi mente, surgieron más versículos sobre el sufrimiento y el perdón:

> «¿Quién puede hacerle daño a usted si está deseosa de hacer el bien? Pero, aunque sufra por lo que

es justo, usted está bendecida. No temáis de los enemigos, ni os conturbéis» (1 Pe. 3:13-14).

«Sed mutuamente afables, compasivos, perdonadnos los unos a los otros, así como también Dios os ha perdonado a vosotros por Cristo» (Ef. 4:32).

El "capítulo del amor", como se suele llamar a 1 Corintios 13, se había leído en nuestra boda, menos de una semana antes. Dice, en parte: [el amor] no toma en cuenta el mal recibido (1 Cor. 13:5).

Recité en silencio mis votos matrimoniales, buscando orientación en estas palabras: "en lo bueno y en lo malo, en la salud y en la enfermedad, en la riqueza y en la pobreza, hasta que la muerte nos separe". Bueno, yo no estaba muerta, y hasta donde yo sabía, las Escrituras eran claras en que yo debía seguir siendo sumisa, que el sufrimiento era una parte del plan redentor de Dios, y sin importar cómo me trataran, yo debía ser amable, tierna de corazón, amorosa y perdonadora.

Tambaleándome por el dolor de haber sido golpeada en la cara e insultada, pero espiritualmente decidida a ser una esposa en la que mi marido pudiera confiar y con la que pudiera contar, acallé mi sufrimiento y seguí adelante como "buena esposa" y "buena cristiana". Esperaba que esta fuera la única vez que me violentara, pero no fue así. Hubo otras en que no le doblé bien los vaqueros, o las comidas no estaban preparadas a su gusto. A veces había tenido un mal día en el trabajo y no sentía que yo fuera lo suficientemente comprensiva. Una vez se portó mal sin motivo, solo quería recordarme quién mandaba. Siempre parecía haber una lección que intentaba enseñarme.

Estaba dispuesta a hacer los cambios necesarios para dejar de enfadar tanto a mi marido. Él sentía que yo le estaba haciendo la vida imposible y también esperaba que le orientara. Para mi cumpleaños, le pregunté a mi marido si podíamos reunirnos con nuestro pastor y contarle lo que estaba sucediendo en nuestro matrimonio. Aceptó y organizó una reunión. Parecía natural pedir ayuda a él y a su esposa, ya que la Iglesia tenía una larga reputación de apoyar el matrimonio y denunciar el divorcio. Me pareció un primer paso seguro.

Fuimos juntos a cenar a la casa de nuestro pastor. Después de una agradable comida, empezamos a abrirnos con él y su esposa en su salón. Me sentía incómoda hablando acerca de los golpes. Había perdonado a mi marido y creía que no era prudente sacar el tema, ya que podría suscitar conflictos. Me daba vergüenza admitirlo con ellos y, de algún modo, aunque tenía las palabras en la punta de la lengua, las reprimí.

Mi marido también guardó silencio. Cuando el pastor nos preguntó qué nos rondaba por la cabeza, simplemente sonreímos y dijimos que nuestro primer año de matrimonio había sido más duro de lo que preveíamos. Inmediatamente, tanto nuestro pastor como su esposa rompieron a reír. Nos contaron anécdotas de su difícil primer año y relataron historias de otras personas que también habían experimentado eventos inesperados. Nos aseguraron que era habitual, y disfrutamos juntos del postre mientras todos evitaban con tacto entrar en detalles.

Esa noche, camino a nuestro vehículo, mi marido me tomó de la mano con ternura y me dijo que había disfrutado mucho de nuestra velada juntos. Me dio las gracias por no decir más de lo necesario y prometió que las cosas serían diferentes a partir de ahora. Fue un gesto tan amable y yo tenía muchas ganas de creerle, pero sentía que sus palabras eran como un barquito de papel que se lanza al océano, un barquito que flota por momentos, pero que inevitablemente es derribado por las olas de la vida. En realidad, nada había cambiado para nosotros. Habíamos compartido una agradable comida, pero, no pudimos hablar libremente. No era seguro. Me fui con la certeza de que nuestro pastor y su esposa estaban mal equipados para el matrimonio, tanto para el suyo como para el nuestro.

Por 10 años, di vueltas a los textos bíblicos que tan bien conocía buscando orientación. Las concordancias me llevaron a pasajes que denunciaban la inmoralidad sexual, el divorcio y las segundas nupcias. Encontré pasajes para solteros y viudas, pero ninguno relativo a la violencia y los abusos. Ninguno de los pastores o líderes de estudios bíblicos que conocía había dicho directamente que el abuso o la violencia en el hogar estuvieran bien, pero a menudo dirigían su enseñanza correctiva hacia quien estaba sufriendo los abusos. Sonaba más o menos así:

- Esposas... dejad que vuestros maridos tengan tiempo y espacio cuando lleguen a casa del trabajo antes de llevarles vuestras preocupaciones e inquietudes del día.
- Esposas... tenéis más conversación que vuestros maridos. Puede que él haya agotado sus palabras todo el día en el trabajo y haya llegado a casa cansado. No esperen de él más de lo que pueda dar.
- Esposas... si satisfacen los deseos sexuales que Dios ha dado a vuestro marido de manera que le proporcionen un profundo placer, es más probable que él os sea fiel.
- Esposas... sabéis que a veces podéis ser más emocionales de lo necesario.
- Esposas... la Escritura es clara en que ustedes pueden ser dadas a mucha charla, tengan cuidado de no hacer caer a su esposo con su lengua.
- Esposas... no se dejen llevar. Usted no quiere dar a Satanás un punto de entrada en su matrimonio.
- Esposas... la mujer de Proverbios 31 trae a su marido el bien, no el mal, todos los días de su vida.... el encanto es engañoso, y la belleza es fugaz, pero una mujer que teme al Señor es digna de alabanza.

Las Escrituras han sido mal utilizadas y/o mal interpretadas para sugerir que la coerción y la violencia pueden ser aceptables, o incluso la voluntad de Dios. Pero el Señor es un Dios de amor, compasión, perdón y justicia, que no tolera la violencia ni la opresión. "dejad la iniquidad y las rapiñas; haced justicia y portaos con rectitud", ordena Ezequiel 45:9. El justo evita los caminos del violento (Sal. 17:4). El Nuevo Testamento nos instruye sobre no poner a una persona violenta en una posición de liderazgo dentro de la Iglesia (1 Tim. 3:3, Tit. 1:7)

A menudo se utiliza el enojo para justificar la violencia o el comportamiento controlador, pero las Escrituras nos exhortan a no pecar cuando estamos enfadados (Ef. 4:26). La discordia, los celos, los ataques de ira y la ambición egoísta se mencionan como actos de naturaleza pecaminosa (Gal. 5:20). Por el contrario, estamos llamados a dar el fruto del Espíritu: amor, paz, paciencia, bondad, amabilidad, fidelidad, mansedumbre y autocontrol (Gal. 5:22).

Cuando la Iglesia guarda silencio sobre estas cuestiones, contribuye a la violencia mediante una mala teología. Indirecta o directamente, la Iglesia transmite que está bien ser un dictador o un tirano en el hogar. Como consecuencia, muchos sufren con miedo y en silencio, como lo hicimos mis hijos y yo, a menudo escondiéndose tras una imagen pública de perfección, o de una familia con problemas de salud mental desproporcionados, como ansiedad o depresión.

Para los que se encuentran en silencio sobre el trato que reciben dentro de la relación matrimonial, o a manos de uno de sus padres, los mensajes interiorizados se convierten en: "Si hago algo mejor o diferente, la violencia o los abusos dejarán de producirse. ¡Se trata de algo que está mal conmigo!".

Resulta que la violencia doméstica es un problema interno del maltratador, NO de la persona maltratada. Sólo cuando el abusador empieza a responsabilizarse de sus propios sentimientos, pensamientos y acciones, puede cambiar algo.

Mientras seguía buscando una manera de seguir felizmente casada, encontré un libro en una librería cristiana titulado *En nombre de la sumisión: Una mirada dolorosa a los malos tratos a la esposa*, de Kay Marshall Strom. Cuando compré el libro, le dije a la cajera que era para una amiga. Me sonrojé de vergüenza mientras ella veía la portada antes de meterlo en la bolsa.

Mientras leía este pequeño libro en una noche especialmente difícil, encontré lo siguiente:

- Usted es una persona importante y valiosa.
- Merece estar a salvo del miedo y las lesiones, sobre todo en su propia casa.
- Merece que la traten con respeto.
- Usted no tiene la culpa de que ser golpeada y de que abusen de usted. Usted no es la causa del comportamiento violento de su pareja.
- Nadie tiene derecho a acusarla de que le guste o desee el abuso.
- No tiene por qué soportarlo.
- Si cree que quedarse ayudará a su pareja, se equivoca. Su marcha puede ser lo que le haga darse cuenta de que su comportamiento va contra las leyes del ser humano y, lo que es más importante, contra las leyes de Dios.
- Usted es responsable de su propia vida. Con la ayuda de Dios puede hacer cambios si realmente lo desea.

- No está sola. Dios está con usted.
- Si nadie sabe lo que está pasando, nadie puede hacer nada. Deje de esconderse.
- Hable con alguien. Pida ayuda. Los demás están dispuestos y deseosos de ayudarla.
- Dios es todopoderoso. No hay problema que no pueda resolver.
- Dios ha prometido estar siempre con sus hijos. ¡Confíe en él!

¡Claro que ella tenía razón! Yo sabía que todo era cierto. Me había olvidado de los relatos más amplios de las Escrituras por estar tan centrada en las acciones específicas que creía que debía emprender como esposa. El curso de mi vida cambió por completo cuando salí de la negación y la clandestinidad y empecé a tomar decisiones que nos protegerían a mis hijos y a mí de cualquier otro daño. ¡Éramos queridos! El mensaje todavía me hace llorar.

No es lo que hacemos, o lo que tenemos, o en lo que nos hemos convertido lo que nos vuelve amados por Dios. ¡Incluso mi marido lo era! Sin embargo, su comportamiento era inaceptable y debía abordarse.

¿QUÉ ES EL ABUSO?

ESTADÍSTICAS[1]

- De media, casi 20 personas por minuto sufren abusos físicos por parte de su pareja en Estados Unidos.

Durante un año, esto equivale a más de 10 millones de mujeres y hombres.

- 1 de cada 3 mujeres y 1 de cada 4 hombres sufren violencia física por parte de su pareja, violencia sexual y/o acoso por parte de ésta a lo largo de su vida.
- 1 de cada 4 mujeres y 1 de cada 7 hombres sufren violencia física grave por parte de su pareja a lo largo de su vida.
- 1 de cada 7 mujeres y 1 de cada 18 hombres han sido acosados por una pareja íntima durante su vida hasta el punto de sentir mucho miedo y/o creer que ellos o alguien cercano a ellos iba a ser dañado o asesinado.
- En un día normal, se realizan más de 20.000 llamadas telefónicas a líneas directas de violencia doméstica en todo el país. (EE. UU)
- La presencia de un arma en una situación de violencia doméstica aumenta el riesgo de homicidio en un 500%.
- La violencia de pareja representa el 15 % de todos los delitos violentos.
- Las mujeres de entre 18 y 24 años son las que más abusos sufren por parte de sus parejas.
- En el 19 % de los casos de violencia doméstica interviene un arma.
- La violencia doméstica está correlacionada con una mayor tasa de depresión y comportamiento suicida.
- Solo el 34 % de las personas que han sufrido maltrato físico a manos de su pareja reciben atención médica por sus lesiones.

- Las mujeres víctimas de abusos sexuales por parte de su pareja sufren graves y duraderos problemas de salud física y mental, similares a los de otras víctimas de violación. Presentan tasas más elevadas de depresión y ansiedad que las mujeres que fueron violadas por una pareja no íntima o que sufrieron abusos físicos, pero no sexuales por parte de la pareja íntima.

Estas estadísticas son terribles y deberían ser motivo de preocupación, pero muchas personas atrapadas en el ciclo de la violencia doméstica no se dan cuenta de que están sufriendo abusos, o de que están siendo maltratadas, ya que desconocen las definiciones y la dinámica y, por tanto, tienen muchas ideas equivocadas sobre lo que es un tipo de maltrato. A menudo se sienten solas, como yo me sentía. Quienes interactúan con la víctima a menudo también se encuentran en la ignorancia. Las definiciones y la educación son importantes.

DEFINICIONES Y CONCEPTOS ERRÓNEOS

Yo defino la violencia doméstica como cualquier palabra o acto que dañe la imagen de Dios en el otro. De este modo somos más conscientes de nuestro propio valor y del valor de toda la humanidad. También podemos estar más atentos a nuestra propensión a hacer daño y ser más responsables.

El Departamento de Justicia define la violencia doméstica como,

Un patrón de comportamiento abusivo en cualquier relación que es perpetrado por un miembro de la pareja para obtener, o mantener el poder y el control sobre el otro miembro de la pareja. La violencia doméstica puede consistir en acciones o amenazas físicas, sexuales, emocionales, económicas o psicológicas que influyan en la otra persona. Esto incluye cualquier comportamiento que intimide, manipule, humille, aísle, asuste, aterrorice, coaccione, amenace, culpe, hiera o lastime a alguien.[2]

La violencia doméstica suele malinterpretarse. La mayoría de la gente imagina al abusador estereotipado, al hombre que golpea a una mujer, un tipo que la hiere gravemente o que puede llegar a acabar con su vida, y puede que incluso con la de sus hijos.

En realidad, la agresión física es solo una de las facetas de la violencia doméstica. La mayoría de los abusos se producen verbal, emocional y psicológicamente: gritar, montar escenas, amenazar, dar órdenes, aislar a los miembros de la familia, controlar los recursos económicos, insistir en hacer las cosas de una sola manera, criticar constantemente, etc. Se trata de control coercitivo: una situación en la que una persona intenta controlar a otra mediante la violencia, el miedo (que puede incluir intimidación y amenazas de violencia) o atacando la autoestima de la otra persona. En otras palabras, es más fácil controlar a otra persona si esta teme constantemente que la hieran, o si la empujan a creer que no vale nada. De este modo, no hay necesidad de agredir o herir físicamente a alguien, porque ya se muestra obediente por miedo.

Y contrariamente a la creencia popular, la violencia doméstica no es una exteriorización ocasional de frustración o ira. No se trata de falta de sumisión, ni suele ser un incidente aislado. La violencia doméstica, en todas sus formas, es una herramienta de coacción, y es una elección hecha por una persona en una relación con otra en afán de controlarla.

Muchos piensan que la violencia doméstica solo afecta a cierto tipo de personas, pero puede afectar a cualquiera. Afecta a personas de todas las clases, niveles educativos, religiones y grupos étnicos. Se da en todo tipo de relaciones, ya sean matrimoniales, de convivencia o de noviazgo. A continuación, se ofrece una breve lista de los tipos de abusos que pueden darse en las familias.

Abuso físico: Golpear, abofetear, empujar, agarrar, pellizcar, morder, tirar del pelo, etc. son tipos de abuso físico. Este tipo de abuso también incluye negar a la pareja atención médica u obligarla a consumir alcohol y/o drogas.

Abuso sexual: Obligar o intentar obligar hacia cualquier contacto o comportamiento sexual sin consentimiento. El abuso sexual incluye (aunque sin limitarse a ello) la violación marital, los ataques a partes íntimas del cuerpo, obligar a mantener relaciones sexuales después de haber sufrido violencia física o tratar a alguien de forma sexualmente degradante.

Abuso emocional: Socavar el sentido de autoestima y/o autovaloración de un individuo es comportamiento abusivo. Esto puede incluir, entre otras cosas, la crítica constante, el menosprecio de las capacidades, los insultos o el deterioro de la relación con los hijos.

Abuso económico: Hacer o intentar hacer económicamente dependiente a una persona manteniendo un control total sobre los recursos financieros, impidiéndole el acceso al dinero o prohibiéndole la asistencia a la escuela o al trabajo.

Abuso psicológico: Los elementos del abuso psicológico incluyen, entre otros, causar miedo mediante la intimidación; amenazar con daños físicos a uno mismo o a la pareja, a los hijos, o a la familia o amigos de la pareja; maltratar animales domésticos y propiedades; y forzar el aislamiento de la familia, los amigos, la escuela o el trabajo.

También se subestima el *efecto* de la violencia doméstica. La violencia doméstica no solo perjudica a las víctimas, sino también a sus familiares y amigos. Ser testigo de un abuso afecta a los niños; y para quienes abusan, la confianza y el respeto están en peligro. Según el Departamento de Justicia, los niños que crecen expuestos a la violencia doméstica se encuentran entre los más perjudicados por ella.[3] Uno de cada 15 niños está expuesto al abuso de pareja cada año, y el 90% de estos son víctimas directas de la violencia doméstica.[4]

Los niños expuestos a la violencia corren un mayor riesgo de sufrir depresión, ansiedad y trastornos del apego. Suelen presentar más problemas de conducta, como agresividad, incumplimiento, delincuencia y síntomas relacionados con el trastorno de estrés postraumático.[5]

La violencia genera traumas. Los traumas nos afectan tanto mental como físicamente, provocando que las personas se sientan fácilmente abrumadas, deprimidas, ansiosas, confusas o que se cierren emocionalmente. Los niños pueden verse afectados de forma diferente en función de su interpretación de la experiencia, de cómo hayan aprendido a sobrevivir y a afrontar el estrés, de la disponibilidad de apoyo con la que cuentan y de su capacidad para aceptar la ayuda de adultos.

Si un niño aprende que otras personas tienen derecho a abusar de él/ella, o que las mujeres u otras personas no tienen derechos, es terreno abonado para que las Escrituras se tergiversen en falsas creencias orientadoras de la vida. Estas creencias se convierten entonces en barreras que impiden ver el Evangelio como un mensaje de amor, y no de explotación, violencia y muerte.

SIETE DISTORSIONES TEOLÓGICAS SOBRE EL ABUSO

Para las iglesias, las estadísticas son igualmente aleccionadoras. La violencia doméstica está tan extendida en las comunidades religiosas como fuera de ellas. Los cristianos suelen acudir a su comunidad de fe y a sus líderes espirituales en busca de ayuda. La comunidad eclesiástica debe estar preparada para responder a las preguntas más comunes de las víctimas y supervivientes:

- ¿Dónde estaba Dios?
- ¿Por qué permitió Dios que me ocurriera esto?
- ¿Es mi pecaminosidad la causa de esto?
- ¿Tengo que perdonar a mi abusador/a?

Estas preguntas reflejan la lucha de la víctima por integrar sus creencias con sus experiencias vitales.

Es imperativo que las víctimas/sobrevivientes comprendan que la Biblia es un recurso que muestra que Dios comprende y provee a quienes sufren de abusos. Debemos acudir al texto bíblico para considerar su posible impacto en las víctimas/ sobrevivientes; tanto para bien como para mal. Parte de la pobre teología que se comparte a las víctimas solo sirve de barrera a la seguridad y a la rendición de cuentas. Las Escrituras distorsionadas permiten el abuso, e impiden que las víctimas busquen ayuda.

Citar erróneamente las Escrituras para encubrir abusos es perjudicial. La Palabra de Dios nunca aprueba el abuso. A continuación, se incluyen algunos ejemplos de mensajes bíblicos tergiversados que pueden oír las víctimas.

ESTOY SUFRIENDO PORQUE EL SEÑOR ME ESTÁ CASTIGANDO.

Debido a que hay ejemplos en las Escrituras de Dios castigando a los que pecan, las víctimas pueden concluir fácilmente: "Porque estoy sufriendo, seguramente debo haber pecado y estoy siendo castigada/o por Dios". Los discípulos también se preguntaban si el sufrimiento era un castigo por el pecado. En Juan 9, se encontraron con un ciego y le preguntaron a Jesús: "¿Quién pecó, éste o sus padres para que naciera ciego?" Jesús respondió: "Ni éste ni sus padres".

El sufrimiento del ciego no fue el resultado de la respuesta de Dios al pecado; tampoco una víctima de violencia doméstica sufre como resultado de su propio pecado. Tristemente, están sufriendo como resultado del pecado del abusador.

Dios no es sordo ante el pecado del abusador, aunque pueda parecer que Dios no oye los gritos de la víctima. El Salmo 34:15-18, dice:

> El Señor tiene fijos sus ojos sobre los justos, y atentos sus oídos a las plegarias que le hacen. Y el rostro del Señor está observando a los que obran mal, para extirpar de la tierra la memoria de ellos. Clamaron los justos, y los oyó el Señor, y los libró de todas sus aflicciones. Él los libra de todas sus zozobras. El Señor está cerca de los quebrantados de corazón y salva a los abatidos de espíritu.

SUS NECESIDADES NO IMPORTAN. DEBERÍA ANTEPONER LAS DE LOS DEMÁS.

Filipenses 2:3-4 dice: "no haciendo nada por egoísmo, ni por vanagloria, sino que cada uno por humildad mire como superiores a los otros, atendiendo cada cual no solamente al bien de sí mismo, sino a lo que redunda en bien del prójimo".

Mientras los escritores del Nuevo Testamento exhortan a los cristianos a imitar el sacrificio de Cristo al servicio de Dios, estas Escrituras pueden ser distorsionadas para coaccionar a alguien a hacer sacrificios y concesiones que son perjudiciales para la salud física, emocional y espiritual.

En las Escrituras también se nos exhorta a "amar a nuestro prójimo como a nosotros mismos". Esto supone que no es egoísta cuidar de uno mismo. No es egoísta ni vano desear el descanso y la alimentación adecuados, la seguridad, la dignidad y el respeto.

NECESITA HACER UNA MEJOR LABOR SOMETIÉNDOSE A SU MARIDO.

Efesios 5:22 dice: "Las casadas estén sujetas a sus maridos, como al Señor".

Algunos abusadores utilizan este versículo para controlar a su víctima, pero, lamentablemente, las propias víctimas a menudo creen que este versículo exige que la esposa acepte el comportamiento abusivo de su marido. Usando esta lógica, una mujer cristiana puede concluir que para ser una esposa piadosa debe someterse a todo lo que su marido diga, haga o decida, incluyendo cualquier forma de abuso.

Pero el tema de la sumisión comienza en Efesios 5:21: "subordinaos unos a otros por el santo temor de Cristo". El verbo "subordinarse" está en el versículo 21, no en el 22, lo que implica que todas las instrucciones que le siguen son ejemplos de cómo los miembros de la familia se someten unos a otros.

El apóstol Pablo describe una relación piadosa como aquella en la que tanto la esposa como el esposo están subordinados el uno al otro. Este sigue siendo un mensaje contracultural, pero esto es lo que enseña la Biblia; no la dominación de uno sobre otro, sino la sumisión mutua.

La violencia doméstica no puede existir en una relación de sumisión mutua.

DIOS ODIA EL DIVORCIO.

El concepto de que Dios odia el divorcio es bien conocido por los creyentes. Estas palabras parecen claras y directas, pero su interpretación es excesivamente simplista.

En algunas traducciones, estas tres palabras "Odio el divorcio" forman parte de un pasaje más amplio de Malaquías 2:13-17. Sin embargo, pueden dominar el pensamiento de la gente a modo de que todo lo demás pase desapercibido. Además, estas tres palabras no son más que el principio de una frase.

La frase completa del versículo 16 en la *Nueva Biblia Americana*, Edición Revisada, dice: "'Odio el divorcio', dice el Señor Dios de Israel, 'y odio que un hombre se cubra con violencia, así como con su vestido', dice el Señor Todopoderoso". Claramente, Dios odia el divorcio, y la violencia va en contra de su diseño para el matrimonio.

El texto se dirige a los hombres judíos de la época que maltrataban a sus esposas, pero actuaban con ternura con ellas en público y luego se divorciaban para casarse con otra.

En dos ocasiones, Malaquías da una directiva contundente (versículos 15 y 16): "Así que guárdate en tu espíritu, y no rompas la fe con la esposa de tu juventud". La violencia rompe la fe. Este pasaje aboga por el bienestar de la esposa, así como por el deseo de Dios para el matrimonio.

Cuando se hace un mal uso de esta enseñanza, incluso si una mujer contempla la posibilidad de escapar, puede permanecer por miedo a ganarse el odio de Dios, o por una reverencia mal dirigida hacia él.

LA ESPOSA NO MANDA SOBRE SU PROPIO CUERPO.

La primera mitad de 1 Corintios 7:4 es la más citada: "Porque la mujer casada no es dueña de su cuerpo, sino que lo es el marido". Dividir el verso de esta manera supone el peligro de quedarse en la primera mitad.

Algunos interpretan esto como si se nos dijera que una esposa no gobierna su propio cuerpo, pero su marido sí. Entonces debe ser aceptable que él la gobierne físicamente de la manera que quiera. Ser una esposa piadosa significa, por tanto, rendirse a lo que él haga o exija.

Sin embargo, el versículo en su totalidad dice: "Porque la mujer casada no es dueña de su cuerpo, sino que lo es el marido. Y así mismo el marido no es dueño de su cuerpo, sino que lo es la mujer".

Dios desea una comunicación abierta y una sumisión mutua entre marido y mujer. Este pasaje no da licencia para la dominación o el abuso. Las Escrituras enseñan la importancia de perdonar:

- «Perdónanos nuestras deudas como nosotros hemos perdonado a nuestros deudores». (Mateo 6:12)
- «Sufridnos los unos a los otros, y perdonadnos mutuamente, si alguno tiene queja contra otro, así como el Señor os ha perdonado». (Colosenses 3:13)
- «Cuanto dista el oriente del occidente, tan lejos ha echado de nosotros nuestras maldades». (Salm. 103:12)

A menudo, cuando alguien intenta abandonar una situación abusiva, el abusador, y a veces otras personas, presionan a la víctima para que perdone. Se puede dar a entender que perdonar es olvidar el abuso y permanecer en la relación. La mentira que se les dice a las víctimas es que marcharse sería una falta de perdón y, como tal, un pecado.

Esta es una comprensión superficial del perdón. Perdonar no significa olvidar la ofensa. El perdón tampoco requiere reconciliación. La reconciliación puede producirse con el tiempo, si existe un verdadero arrepentimiento por parte del abusador. Pero es imperativo que el penitente demuestre un cambio de conducta durante un largo periodo de tiempo. La vida de una víctima puede correr peligro si decide permanecer o se reúne con el abusador antes de que la transformación sea evidente. Además, la víctima necesita tiempo para atravesar las múltiples etapas del perdón.

TODO EL MUNDO TIENE UNA CRUZ QUE SOPORTAR: DIOS NO NOS DA MÁS DE LO QUE PODEMOS SOPORTAR.

Si a una víctima de abuso se le dice que sufrir es ser como Jesús, llega a creer que el abuso debe aceptarse simplemente como la "cruz que hay que llevar".

Sin embargo, en el pasaje "toma tu cruz", Jesús no se refiere a todas las formas de sufrimiento, molestias y frustraciones. Él está enseñando específicamente sobre la entrega completa ante la propia agenda a Dios con el fin de seguirlo de todo corazón, incluso hasta el punto de la muerte.

Jesús es nuestro ejemplo de máxima obediencia a Dios, incluso hasta el punto de morir. Nosotros también sufriremos en nuestra obediencia a su llamado, pero sufrir por nuestra fe no es lo mismo que sufrir abusos. Lo primero es el costo del verdadero discipulado; lo segundo es el resultado del poder y control de una persona sobre otra, algo que nunca es sancionado por la Palabra del Señor. Las víctimas de abusos nunca deben considerar que el abuso que sufren es la voluntad de Dios para ellas.

Estos siete mensajes son algunos ejemplos de cómo la Iglesia ha contribuido a la violencia mediante una mala teología, mientras decenas de personas sufren en miedo y en silencio.

¿Cómo debe responder la Iglesia?

Abordar adecuadamente el tema de la violencia doméstica en la iglesia requiere educación, formación y reflexión espiritual. En su propia iglesia, usted puede fomentar la educación y la formación sobre la violencia doméstica para ayudar a que se convierta en un recurso más eficaz y, posiblemente, incluso salvar a una vida. Aunque podemos estar en desacuerdo sobre los papeles del hombre y la mujer, el liderazgo y la sumisión, todos podemos estar de acuerdo en que Dios está cerca de los quebrantados de corazón. Como Iglesia, nuestro lugar es estar también cerca de ellos. Esto incluye a todos los miembros de la familia afectados por la violencia, especialmente a los niños.

Abogar por la **seguridad** es la labor más importante que podemos hacer como comunidad religiosa, como comunidad en general. A la hora de planificar nuestras estrategias, la seguridad debe ser nuestra máxima prioridad. Querer estar a salvo de palizas, amenazas y miedo es un precedente bíblico bien establecido, no un pecado. David huyó de Saúl, Pablo huyó de Éfeso para escapar de un complot para asesinarlo, los padres de Jesús lo llevaron a Egipto para escapar del asesinato de los bebés varones, y en múltiples ocasiones él mismo evitó situaciones que amenazaban su vida. Las enseñanzas de la Iglesia que dan prioridad a la seguridad y a los mensajes de no violencia permiten que alguien que sufre abusos reconozca que tomar una decisión sobre la seguridad, en primer lugar, honra a Dios. Pueden incitarle a tomar decisiones que le protejan de más lesiones físicas, emocionales y espirituales, y le impulsen a lugares de curación tan necesarios como los refugios o el asesoramiento.

- Predicar sermones que aborden la violencia doméstica
- Creer en la historia de la víctima
- Apoyar la decisión de llamar o no a la policía, marcharse, etc.

Las Escrituras pueden ser de gran ayuda en estos momentos. La narración amplia del amor y la provisión de Dios en las Escrituras, y las historias

de quienes también han vivido momentos difíciles puede aportar mucho ánimo a las víctimas de abusos.

Establecer asociaciones con refugios locales y asesores especializados en violencia doméstica con fines educativos y de derivación. Trabajar en red con defensores y asesores especializados puede ayudar con las necesidades prácticas, emocionales y espirituales. Hacer saber a una víctima que a usted le importa lo suficiente como para remitirla, con cuidado y tacto, puede ayudar restablecer la confianza y la esperanza entre seres humanos. Estar preparados de antemano con recursos y conexiones permite una remisión que brinde mayor confianza a una víctima.

Elaborar una política de respuesta a la violencia doméstica y darla a conocer a su congregación.

Enseñar sobre relaciones sanas desde el púlpito, en seminarios matrimoniales, ministerios de hombres y mujeres, ministerios de niños, campamentos y retiros, etc. Inculcar la dinámica de estas relaciones en torno al amor, confianza y apoyo, responsabilidad compartida, respeto, justicia y negociación, comunicación abierta, intimidad, honestidad y responsabilidad, y afecto físico.

La **rendición de cuentas** del abusador es clave para que se produzcan cambios duraderos que permitan mantener relaciones íntimas seguras. Quienes ejercen la violencia están pecando a costa de quienes les aman y confían en ellos. Cuando no se tolera la violencia doméstica y se trabaja para promover la redención de la pareja abusadora, hay motivos de esperanza.

- Ayudar al abusador a mirarse a sí mismo con claridad y a aprender las disciplinas cristianas de la bondad, el respeto, el amor y el sacrificio de su idea del liderazgo

- Remitir a la parte abusadora a los servicios comunitarios y de asesoramiento adecuados especializados en violencia doméstica. Mantener ese contacto es crucial durante este tiempo
- Ayudar a la pareja abusadora a aceptar que puede ser necesaria una separación con asesoramiento intensivo y responsabilidad, para permitir un cambio real individual y social.
- Las Escrituras pueden ser un recurso útil para recordar y/o contar a la pareja abusadora las innumerables historias bíblicas que proporcionan esperanza para el cambio a través del arrepentimiento.

Precaución: Es fácil entrar en connivencia con un abusador. Por lo que es crucial que como parte de la rendición de cuentas que fomenta la Iglesia para un abusador, exista una asociación con consejeros y agencias comunitarias especializadas en abuso y recuperación. Como la violencia doméstica es un problema de quien la ejerce, el trabajo individual y los programas de tratamiento son vitales. El asesoramiento matrimonial puede tener consecuencias devastadoras en estos casos, al revictimizar a la otra persona.

Brindando seguridad y promoviendo la rendición de cuentas, la iglesia tiene la oportunidad de ser un lugar seguro para que el pecador confiese y se arrepienta del pecado de violencia, reciba el don del amor de Dios, y rinda cuentas para llegar al cambio. Tras el arrepentimiento, la iglesia puede ser incluso un lugar de restauración para las relaciones y el matrimonio. Sin embargo, independientemente de que se restablezca o no la relación matrimonial, el duelo y la pérdida deben anticiparse para poder superarse. Reconocer que uno está en un matrimonio abusivo puede causar tanto dolor como dejar o terminar la relación; irse es una elección muy difícil. Las historias, esperanzas y sueños compartidos hacen que las decisiones de permanecer o de separarse, sean más complicadas para unos que para otros.

La iglesia permite el duelo y el lamento tanto de la víctima como del agresor, así como de la familia y la comunidad. El duelo y la pérdida son inherentes a la violencia doméstica. Históricamente, cuando alguien fallece, la iglesia ha proporcionado comidas, ha cuidado de niños y proporcionado tarjetas para ayudar en el proceso de duelo y brindar consuelo. Estos actos tangibles de bondad y misericordia son también inmensamente importantes para quien se separa a causa de la violencia doméstica. Necesitan un lugar seguro con personas que les quieran, les cuiden y satisfagan sus necesidades básicas.

En materia de violencia doméstica y abusos existen muchos "debería, podría, habría". Se debe ofrecer un espacio para que la gente reconozca el dolor y el sufrimiento, aceptándolos sin juicios, para poder sanar. Permitirse atravesar el lamento desafía el statu quo de la injusticia y da voz al cambio.

¿QUÉ NOS PIDE EL SEÑOR?
MIQUEAS 6:8 DICE...

Obra con justicia: como cristianos tenemos la responsabilidad de responder en nombre de los oprimidos.

Ama la misericordia: como cristianos, estamos en una posición única para ofrecer protección a los que sufren abuso, y esperanza de cambio a los abusadores.

Anda solícito en el servicio de Dios: como cristianos, caminamos junto a él y cuidamos de sus hijos, reflejando el amor y la preocupación que él nos ha mostrado

Un buen matrimonio es íntimo, no solo funcional. La intimidad se basa en la igualdad y se profundiza mediante un comportamiento no amenazador, el respeto, la confianza y el apoyo, la honestidad y la rendición de cuentas, la paternidad responsable, la responsabilidad compartida, la asociación económica, la negociación y la equidad. Pasar de un estatus de poder y control que genera miedo al poder del amor, requiere respeto mutuo e igualdad.

La perfección no es el objetivo, y como en todo buen matrimonio, se trata de dos personas con virtudes y con defectos. Estos defectos, honrados y apreciados, forman parte de nuestro hermoso desorden. Es el desorden que nos traemos unos a otros, el desorden en el que tenemos la oportunidad de vivir y el desorden en el que a Dios le encanta convivir con nosotros.

El desorden, cuando lo enfrentamos con seguridad, responsabilidad y amor, nos brinda la oportunidad de crecer como individuos y fortalecer nuestros lazos familiares. ¡Estas son las buenas nuevas!

Preguntas para el debate y la reflexión

1. Después de leer este capítulo, ¿hay alguna idea falsa sobre la violencia doméstica que usted haya albergado?
2. ¿Cuáles son los componentes del abuso y por qué puede ser algo más que solo físico?
3. Este capítulo identifica varias enseñanzas falsas sobre las escrituras y el abuso. ¿Le resultan familiares? ¿Qué hay de cierto en ellas?

Lecturas recomendadas

No Place for Abuse: Biblical & Practical Resources to Counteract Domestic Violence, por Catherine Clark Kroeger y Nancy Nason-Clark. Downers Grove, InterVarsity Press, 2010.

Domestic Violence: What Every Pastor Needs to Know (2ª ed.), por Al Miles. Minneapolis: Fortress Press; 2011.

Strengthening Families and Ending Abuse: Churches and Their Leaders Look to the Future, por Nancy Nason-Clark, Barbara Fisher-Townsend y Victoria Fahlberg, editoras. Eugene, Wipf and Stock, 2013.

The Courage Coach: A Practical, Friendly Guide on How to Heal from Abuse, por Easter, Ashley., CreateSpace, 2017.

– 9 –

¿Qué pasa con el divorcio?

David Instone-Brewer

El divorcio implica a menudo un doble rechazo: por parte del cónyuge y por parte de la Iglesia. Muchas iglesias prohíben el divorcio incluso aunque se dé por motivos de abuso o abandono, de modo que una víctima inocente puede encontrarse sin el apoyo de sus compañeros cristianos cuando más lo necesita. Esto se debe a una mala interpretación de las palabras de Jesús sobre el divorcio.

A primera vista, la enseñanza del Nuevo Testamento pudiera parecer clara. Jesús dijo que el único motivo válido para el divorcio es la inmoralidad sexual (normalmente entendida como adulterio), y que casarse de nuevo equivale a adulterio (Mat. 5:31– 32; 19:3–12; Mc. 10:2–12; Lc. 16:18). Pablo aparentemente contradice a Jesús, porque no hace mención del divorcio por inmoralidad sexual, sin embargo, no es así, ya que sí permite el divorcio por abandono de un infiel. Paradójicamente, este es el único lugar en el que Pablo dice basarse en las enseñanzas de Jesús (1 Cor. 7:10–16).

Casi todas las iglesias concuerdan en que el adulterio es la única causa válida de divorcio. La mayoría de los protestantes permiten volver a casarse después de un divorcio válido, pero la Iglesia Católica no permite en ningún caso volver a contraer matrimonio a menos que se demuestre que el matrimonio anterior ha sido legalmente defectuoso y haya pasado por el proceso establecido de anulación. También se acepta de forma cautelosa que, el abandono por parte de un infiel puede ser un motivo válido, aunque la definición de "infiel" es problemática. La conclusión habitual es que Jesús llama a los creyentes a un estilo de vida más elevado en pareja, a pesar de esto, en la Iglesia moderna los matrimonios fracasan con la misma frecuencia que entre los no creyentes.

Otro punto de debate es la definición de "inmoralidad sexual" (*porneia* en griego). En la literatura antigua, esta palabra tenía un significado bastante amplio, que incluía la prostitución y el adulterio, pero algunos intérpretes modernos la han ampliado aún más para incluir el uso de la pornografía o cualquier cosa que obstaculice un matrimonio. Algo sobre estas interpretaciones improbables es la clara impresión de que falta algo respecto a la enseñanza del Nuevo Testamento. Aparentemente, no hay remedio bíblico para los cónyuges que sufren negligencia o abuso, incluso estando en situación de riesgo. Pablo parece considerar que separarse de la pareja está prohibido (1 Cor. 7:10–11).

La enseñanza del Nuevo Testamento se puede volver ilógica y poco práctica: Jesús y Pablo se contradicen, y no hay ninguna solución pastoral para los problemas de abuso o abandono por los que esté pasando un creyente.

Esta aparente contradicción se debe a un dato oculto a plena vista entre discusiones rabínicas jurídicamente arcanas y muy técnicas sobre el divorcio. Me topé con ella mientras estudiaba cómo los fariseos interpretaban las escrituras.

Este descubrimiento me mostró que en la época de Jesús se permitía el divorcio por adulterio, abandono y abuso, aunque algunos rabinos encontraron un resquicio que permitía los divorcios sin culpa. Otra sorpresa fue que el divorcio era casi totalmente igualitario hasta poco después del ministerio terrenal de Jesús.

UNA PISTA EN LA ANTIGUA LEY JUDÍA

No me di cuenta de que había encontrado la pieza que faltaba en este rompecabezas hasta después de mis estudios de doctorado. En el ministerio me enfrenté a muchos retos prácticos que me llevaron a releer los pasajes del divorcio. Por alguna extraña razón, ya no me parecían los mismos. Entonces me di cuenta de que los estaba leyendo a través de los ojos de un rabino del siglo I.

Después de pasar tres años leyendo todo lo que los fariseos habían escrito, comprendí sus extraños usos de los textos bíblicos y su terminología especializada. Conocía las formas concretas en que abreviaban sus debates y era capaz de ampliar sus registros como alguien que añade agua a una comida deshidratada. Al leer el relato del debate de los fariseos con Jesús sobre el divorcio, la narración adquirió una claridad y un significado nuevos.

Me di cuenta de que faltaban un par de componentes para los lectores modernos que eran obvios para los primeros lectores de los evangelios. En primer lugar estaba el contexto cultural: todo el mundo conocía la forma normal de casarse y divorciarse, y Jesús no necesitaba explicársela a su audiencia. En segundo lugar, había términos jurídicos que resultaban familiares al público de entonces. Con el tiempo, estos términos se olvidaron y ya no forman parte del contexto que tenemos hoy en día cuando leemos estos pasajes de las Escrituras.

Jesús no fue el primero en debatir la pregunta de los fariseos sobre el divorcio. En los registros de rabinos posteriores, encontramos que este debate comenzó una generación antes de Jesús y continuó durante varias décadas después de su muerte.

El debate sobre las causas de divorcio comenzó cuando Hillel, uno de los fariseos fundadores del siglo I a.c., descubrió una laguna en el Deuteronomio 24:1. Este versículo dice que puedes divorciarte por "inmoralidad de causa" (hebreo: *ervat davar*). A esta extraña frase suele dársele la vuelta como si dijera "causa de inmoralidad" y esto se interpreta normalmente como adulterio. Así lo entendió Shamai, fundador de una escuela rival de fariseos, y todas las Biblias modernas siguen esta interpretación. Pero Hillel dijo que la extrañeza de la frase implicaba algo más.

El razonamiento de Hillel seguía un patrón normal para los rabinos de la época, aunque a nosotros nos pudiera resultar extraño. Vio que Deuteronomio 24:1 tiene perfecto sentido si se elimina la palabra "causa". Sin embargo, Dios es un legislador perfecto, por lo que esta palabra aparentemente superflua debe referirse a otra "causa" válida para el divorcio. Ahora bien, no se indica la naturaleza de dicha causa, por lo que Hillel llegó a la conclusión de que este versículo contiene dos causas de divorcio:

1) inmoralidad sexual
2) cualquier causa.[1]

En las actas del debate, los hilelitas afirman que Deuteronomio 24:1 contenía esta segunda causa de divorcio por "cualquier causa", y los shamaítas replican que el versículo no se refiere a "nada excepto a la inmoralidad sexual". Estas dos frases, "cualquier causa" y "excepto la inmoralidad sexual", me llamaron la atención cuando releí los relatos evangélicos:

> Los fariseos se le acercaron y le pusieron a prueba preguntándole: «¿Es lícito divorciarse de la mujer por cualquier causa?» Él respondió: «...os declaro que cualquiera que despidiere a su mujer, sino en caso de adulterio, y aun en este caso se casare con otra, comete adulterio» (Mat. 19:3, 9).

Cuando se emplean los métodos habituales para desentrañar debates rabínicos abreviados, pero, se añaden estos nuevos entendimientos sobre la terminología jurídica que se utilizaba en la época, estos versículos se convierten en:

> Los fariseos se le acercaron y le pusieron a prueba preguntándole: «¿Es lícito el divorcio por cualquier causa [basado en Deut. 24:1]?» Él respondió: «... quien se divorcia [basándose en ese versículo] excepto por inmoralidad sexual, y se casa con otra, comete adulterio». (Mat. 19:3, 9)

La naturaleza adúltera de este nuevo matrimonio es ahora obvia. Jesús rechazó esta causa de divorcio, por lo que cualquiera que se hubiera vuelto a casar después de haberse divorciado "por cualquier causa" ¡en realidad seguía casado con su primera pareja!

SOBRE EL POPULAR NUEVO DIVORCIO POR CUALQUIER CAUSA

Estas dos frases ("por cualquier causa" y "salvo por inmoralidad sexual"), solo están presentes en Mateo y faltan en el relato de Marcos, por lo demás similar. Esto me desconcertó, hasta que me di cuenta de que la pregunta formulada en Marcos carece, en sentido estricto, de sentido. Si la intención era solo preguntar: "¿Es lícito que un hombre se divorcie de su mujer?" (Mc. 10:2) Jesús podría haber respondido: "¡Claro que es legal, porque está escrito en la ley, tonto!" Mateo nos muestra de forma abreviada que los fariseos habían formulado una pregunta más compleja.

Hacemos preguntas parecidas (sin aparente sentido), pero no estúpidas. Por ejemplo: "¿Es lícito que un joven de 16 años beba?" Si responde "No", habrá hecho una de estas dos cosas: O bien ha condenado a todos los adolescentes a morir de sed, o bien ha añadido mentalmente las palabras "bebidas alcohólicas" a la pregunta. Los judíos del siglo I hicieron lo mismo cuando leyeron el evangelio de Marcos. La pregunta de los fariseos les era muy familiar, así que mentalmente añadieron las palabras "... por cualquier-causa".

Cuando se escribió Mateo, el debate ya comenzaba a desvanecerse de la memoria de la gente, por lo que se añadieron las palabras implícitas como recordatorio. Sin embargo, en el siglo II ni siquiera este recordatorio era suficiente, porque los primeros líderes de la Iglesia lo malinterpretaron. Y en el siglo III, incluso algunos rabinos habían olvidado el significado de este lenguaje.[2] Esta terminología legal fue relegada porque el divorcio por cualquier causa se convirtió en la forma normal y única de divorcio, por lo que ya nadie discutía sobre ello. Pero en tiempos de Jesús, aún seguía siendo un tema de debate activo y popular.

Cuando una pareja judía se enfrentaba al divorcio, de repente toda la familia tenía que involucrarse con el lenguaje jurídico, al igual que nosotros tenemos que entender frases como *acuerdo prenupcial*. Tenían que elegir tres abogados para oír su caso, ¿debían elegir a un hilelita o a un shamaíta? Si se quería el divorcio por cualquier causa (y la mayoría de la gente lo quería) había que saber que los hilelitas lo permitían y los shamaítas no. El divorcio por cualquier causa podía concederse por alguna minucia, como una nueva arruga o una sopa quemada; ¡estos eran ejemplos reales sugeridos por abogados![3] Además, se concedería de manera automática. No había necesidad de un juicio en el que tus vecinos escucharan todas tus acusaciones y faltas, por lo que esta interpretación de los motivos de divorcio se hizo rápidamente muy popular.

Aunque este tipo de divorcio solo podía ser interpuesto por un hombre (debido al contexto de Deut. 24:1), las mujeres lo preferían porque garantizaba que la mujer recibiría la ayuda económica que le correspondía. Cuando las parejas se casaban, el hombre prometía a su mujer un mínimo de 200 *zuz* (aproximadamente el salario básico de un año) si moría o se divorciaba de ella. Sin embargo, la mujer perdía su derecho a ello si el divorcio era culpa suya; por ejemplo, si cometía adulterio, pero no había dos testigos para requerir la pena de muerte. Sin embargo, mediante un divorcio por cualquier causa, ella sabía que obtendría la totalidad de la indemnización porque no había un juicio en el cual repartir culpas.

El divorcio por cualquier causa se convirtió rápidamente en la forma más popular de divorcio. Incluso José planeaba usarlo cuando terminara sus esponsales con María. Pudo haberla acusado fácilmente de adulterio, pero "como era un hombre justo y no quería avergonzarla, resolvió divorciarse tranquilamente" (Mat. 1:19). El divorcio por cualquier causa, que no requiere vista judicial, debió haber sido ser lo que tenía en mente. A finales de siglo dejamos de oír hablar sobre las causas de divorcio porque la única forma de divorcio en uso era el divorcio por cualquier causa.

DIVORCIOS BÍBLICOS TRADICIONALES

En tiempos de Jesús, aún podía uno divorciarse por motivos bíblicos, basándose en las palabras de Éxodo 21:10-11.

Si se casa con otra mujer, no debe privar a la primera de su comida, ropa y derechos matrimoniales. Si él no le proporciona estas tres cosas, ella debe quedar libre, sin ningún pago de dinero.

Estos versículos se escribieron o mencionaron en todas las actas matrimoniales que se conservan de los dos primeros siglos. Los judíos caraítas, que rechazaban innovaciones farisaicas como el divorcio por cualquier causa, siguieron registrándolos en sus actas matrimoniales hasta el siglo X. Pero la corriente principal del judaísmo adoptó cualquier causa como único medio de divorcio a finales del siglo I, por lo que las bases bíblicas del Éxodo pronto se olvidaron. Lamentablemente, la Iglesia también las olvidó, aunque los votos matrimoniales cristianos estén basados en ellas.

A primera vista, Éxodo 21:10-11 no tiene nada que ver con el matrimonio o el divorcio: son normas sobre la esclavitud. La ley dice que si te casas con una esclava pero no le das comida, ropa y amor, puede quedar libre. Sin embargo, los rabinos reconocían que las leyes de Moisés solían adoptar la circunstancia más leve para que la ley se aplicara automáticamente a situaciones de mayor gravedad. Por ejemplo, cuando la ley decía que no se debía privar al buey de los beneficios de su trabajo (es decir, comer algo del grano mientras lo pisaba, véase Deut. 25:4). Esta ley también se aplicaba a cualquier persona más importante que un buey, como tus empleados humanos. Por eso Pablo citó esta ley en relación con el pago a los trabajadores de la iglesia (1 Cor. 9:9; 1 Tim. 5:18). Del mismo modo, cuando el Éxodo estableció leyes sobre los derechos de las esclavas, estos derechos se aplicaron automáticamente a las personas libres, tanto hombres como mujeres.

Esta ley significaba que tanto los hombres como las mujeres podían obtener el divorcio en tiempos de Jesús si demostraban que sufrían abandono en lo que respecta a la comida, la ropa o el amor. Esto no era objeto de debate; por lo que sabemos, todos los grupos judíos de principios del siglo I estaban de acuerdo en este punto. Incluso los hilelitas y los shamaítas aceptaban la misma interpretación, aunque normalmente discrepaban entre sí por reflejo, como los republicanos y los demócratas. Después de todo, Dios mismo habló de su matrimonio con Israel en estos términos. Cuando Ezequiel describe las razones por las que Dios se divorció de Israel, señala la comida, la ropa y el amor que Dios proporcionó, y cómo Israel había compartido adúlteramente esa comida, ropa y amor con los ídolos (Ez. 16:10–19).

Los fariseos se tomaron tan en serio estos motivos de divorcio que registraron el mínimo de comida y ropa, y cuánto tiempo había que estar privado de amor para que se calificara como abandono. La negligencia se producía si el marido no proporcionaba comida y ropa (o dinero), o la mujer no cocinaba ni cosía.[4] Los juristas rabínicos decían que la negligencia en el acto de hacer el amor dependía de la ocupación de la persona. Un comerciante de camellos podía ausentarse durante un mes, pero un conductor de asnos solo podía excusarse por una semana. Todos los demás trabajadores tenían que cumplir con su deber dos veces por semana, ¡y los que no tenían trabajo todos los días! Sin embargo, hicieron una concesión para sí mismos: los eruditos podían tomarse un mes de vacaciones.[5]

La importancia de todos estos detalles es, que los fariseos que interrogaban a Jesús suponían claramente, como todo el mundo, que tanto una mujer como un hombre podían pedir el divorcio por negligencia. De hecho, la mitad de los certificados de divorcio que se conservan de los dos primeros siglos registran divorcios interpuestos por mujeres. (Debo admitir que se trata de una afirmación engañosa, ya que solo se conservan dos actas de divorcio de esa época; pero en una de ellas sí consta que una mujer se divorció de su marido.[6][7])

Un pequeño problema era que solo el hombre podía redactar el certificado de divorcio y tenía que hacerlo voluntariamente. Los rabinos posteriores registraron la solución a esto: lo golpearon con varas hasta que estuvo dispuesto (Mishnah Arakin 5.6).

El abuso también era una causa de divorcio, debido al principio de que la ley se vale de la circunstancia menos importante con el fin de incluirse en cualquier circunstancia más grave. Los códigos legales modernos funcionan de la misma manera, por lo que "agresión" se define a menudo como cualquier tocamiento que sea inapropiado, y esto incluye automáticamente cualquier cosa peor a un tocamiento "leve". Del mismo modo, la antigua ley judía prohibía la negligencia, y esto incluía automáticamente algo más grave, como el abuso. También incluía el abandono porque, aunque se encargaran de entregar alimentos y ropa, un cónyuge ausente estaba dejando de compartir su amor.

Entonces, ¿por qué el Nuevo Testamento no se refiere al divorcio por abandono y abuso cuando era un derecho fundamental de todos los judíos y judías? Jesús y Pablo no tuvieron que enseñar estas causas de divorcio, porque todo el mundo ya las aceptaba. Incluso el mundo greco-romano utilizaba términos similares en sus contratos matrimoniales. Del mismo modo, el Nuevo Testamento no tiene que afirmar que la violación está mal, porque todo el mundo ya lo sabía. Así que no deberíamos esperar una declaración sobre estos motivos de divorcio, a menos que los escritores del Nuevo Testamento quisieran negar específicamente que tales fueran erróneos. Sin embargo, ahora que sabemos qué buscar, podemos encontrar alusiones a estas causas de divorcio.

LA ENSEÑANZA DE JESÚS

Antes de considerar el abuso y el abandono, tenemos que entender lo que Jesús realmente dijo sobre el adulterio. Ahora podemos ver que cuando se le preguntó qué pensaba sobre el "divorcio por cualquier causa" esto no significaba "¿Está de acuerdo con cualquier tipo de divorcio en absoluto?" sino más bien, "¿Está de acuerdo con el nuevo divorcio por cualquier causa?" Al principio, Jesús no respondió a la pregunta, porque le interesaba más hablar del matrimonio que del divorcio.

Criticó la práctica de la poligamia, habitual en Palestina en aquella época. Citó Génesis 2:24 con una palabra adicional: "Por esta razón el hombre dejará a su padre y a su madre y se unirá a su mujer, y los **dos** se convertirán en una sola carne" (Mat. 19:5). Estamos tan acostumbrados a ver el versículo citado de esta manera que no nos damos cuenta de que se añadió la palabra "dos" para dar énfasis. Jesús decía que un matrimonio implica a dos, y solo a dos personas. En esto estaba de acuerdo con los judíos de los Rollos del Mar Muerto, que también hacían hincapié en ello. Criticó a los fariseos que decían que el hombre cuya mujer comete adulterio *debe* divorciarse; dijeron: "Moisés ordenó dar un certificado de divorcio". Jesús los corrigió: "Moisés os *permitió* divorciaros de vuestras esposas". En este punto coincidía con muchos hilelitas.

Jesús también hizo hincapié en el perdón en lugar del divorcio. Decía que el divorcio solo debe producirse cuando hay "dureza de corazón", en griego *sklerokardia*, (Mat. 19:8). La palabra no aparece en la literatura griega, porque fue inventada por los traductores griegos del Antiguo Testamento. Como la palabra solo aparece dos veces, y solo una de ellas se refiere al divorcio, Jesús alude claramente a un versículo bíblico concreto:

Jeremías 3:3. Jeremías dijo que Dios se divorció de Israel porque estaba pecando con dureza de corazón, es decir, obstinada y persistentemente. El divorcio con el pueblo de Israel ocurrió cuando se le envió al exilio por setenta años. Jeremías describió esto como un año por cada siete años en que Israel se había rebelado (2 Crón. 36:21). En otras palabras, Dios había perdonado a Israel siete veces setenta antes de decidir que el divorcio era el único remedio.

Algunos piensan que Jesús también criticó la ley de divorcio de Moisés, diciendo que esta fue dada solo "a causa de la dureza de vuestro corazón" (Mat. 19:8), como implicando que los judíos tuvieran un corazón más duro, por lo que, a diferencia de los cristianos, necesitaran provisiones para el divorcio. Sin embargo, creo que es más probable que Jesús se refiriera a la condición generalizada de los seres humanos, ya que todos somos capaces de pecar obstinadamente. Dios permite (aunque no es su preferencia) que las víctimas se divorcien de parejas infieles, que maltratan, y que abandonan. Lo cual, a su vez, sucede porque todos somos capaces de pecar con dureza de corazón. Jesús intentó suplantar la ley moral del Antiguo Testamento. De hecho, criticó a quienes rechazaban la menor parte de ella (Mat. 5:17). Él vino a completar la ley ceremonial, y a escribir la ley moral en nuestros corazones.

Cuando finalmente los fariseos le llevaron de nuevo a hablar del divorcio por "cualquier causa", Jesús lo rechazó totalmente. Estaba claramente de acuerdo con la posición de los shamaítas, e incluso citaba su premisa con aprobación. Los shamaítas decían que no se podía derivar el divorcio por cualquier causa de la frase "causa de inmoralidad sexual" porque esta era una frase única; y afirmaban que no se refería a "nada excepto la inmoralidad sexual". Ponerse del lado de los shamaítas en este caso, no convirtió a Jesús en shamaíta. Como vimos anteriormente, acababa de ponerse del lado de los judíos de la comunidad de los Rollos del Mar Muerto que estaban en contra de la poligamia, y de algunos hilelitas que estaban en contra del divorcio obligatorio por adulterio. La postura de Jesús era totalmente independiente.

Jesús consideraba totalmente inválido el divorcio por cualquier causa. Para destacar esto, dijo: "Si usted se vuelve a casar después de un divorcio por cualquier causa, comete adulterio", porque el matrimonio original no había terminado. Dado que en aquella época prácticamente todos los divorcios se basaban en "cualquier causa", esto podría simplificarse así: "Quien vuelve a casarse comete adulterio" (Mc. 10:11; Lc. 16:18). Los Evangelios utilizaron esta llamativa retórica como una declaración resumida que (como la mayoría de los resúmenes) es confusa y engañosa si no se comprenden los detalles a fondo.

¿Es correcta esta interpretación? Un lector judío antiguo podría entenderlo así, pero a nosotros nos resulta más fácil entenderlo de otro modo. Un lector moderno piensa que se está preguntando a Jesús si el divorcio es correcto alguna vez, y él responde: solo en caso de adulterio. Entonces, ¿cuál significado es el correcto? Necesitamos suficiente humildad para darnos cuenta de que los escritores de los evangelios se comunicaban principalmente a los lectores de su época. Debemos leer por encima de sus hombros, traducir las palabras y comprender además el significado de la terminología cuando se escribió.

JESÚS SOBRE EL ABUSO Y EL ABANDONO

Ahora sabemos cómo habría entendido el público de su tiempo a Jesús. Negaba la validez del recién inventado divorcio por cualquier causa. Pero ¿cuáles son los motivos de divorcio que Jesús consideraba válidos? A Jesús no le preguntaron eso, y no nos lo dice. Mencionó la causa de adulterio, pero solo para responder a la pregunta sobre el divorcio por cualquier causa. Entonces, ¿por qué Jesús no dijo con cuáles motivos estaba de acuerdo, y los derechos de las personas que sufren abandono o abuso?

El divorcio es una de las muchas cosas que Jesús no nos explica, porque no tiene que hacerlo. Jesús no solía decir a la gente lo que ya sabía; al menos, los escritores de los Evangelios no gastaron preciosos papiros en repetirlo. Jesús no nos habla sobre la diferencia entre asesinato y homicidio, no nos da reglas sobre el cobro de intereses ni sobre el uso de pesadas justas, ni sobre cómo distinguir entre una violación y el sexo consensuado. Él no tiene que enseñar sobre ninguna de estas cosas porque ya estaban cubiertas en la ley de Dios, la cual él dijo que apoyaba. Afirmaba decir lo mismo que su Padre, por lo que sonaría extraño que contradijera la ley del Antiguo Testamento.

Todos los judíos que escuchaban a Jesús sabían que los motivos bíblicos de divorcio incluían la falta de comida, ropa y amor. Lo que implicaba automáticamente los delitos más graves de abandono y abuso. Estos motivos estaban constatados en sus actas matrimoniales y eran enseñados por todas las ramas del judaísmo de la época. Si Jesús hubiera querido negarlas, habría tenido que enseñar enérgicamente contra ellas. Para afirmarlas, le bastaba con hacer lo mismo que con respecto al tema de la violación: simplemente debía guardar silencio.

PABLO SOBRE LAS SEGUNDAS NUPCIAS

Pablo no guardó silencio sobre las cuestiones de la negligencia y el abandono porque, aunque griegos y romanos tenían puntos de vista notablemente similares sobre estos temas dentro del matrimonio, los judíos conversos no conocían la ley de Dios tan bien como los judíos. Sin embargo, guardó un notable silencio sobre las segundas nupcias. Esto era muy común en el mundo romano debido a su divorcio sin culpa extremadamente fácil. El divorcio romano por separación no requería ninguna declaración de motivos o de culpabilidad; simplemente había que decirle al cónyuge que hiciera las maletas y se marchara, o (si tenía propiedad sobre la casa) uno se marchaba sin más. Esto era incluso más sencillo que el divorcio judío por cualquier causa que Jesús rechazó. El resultado era un divorcio instantáneo, sin papeleos ni comparecencias ante tribunales, y ni siquiera necesitaba del consentimiento de su cónyuge.

Una mujer de la Iglesia de Corinto quiso utilizar este divorcio romano por separación. Pablo le dijo que permaneciera con su marido, y que, si ya se había separado, pidiera reconciliarse (1 Cor. 7:10–11). No podía simplemente volver, dado que en la ley judía la víctima (en este ejemplo, el marido) siempre tiene derecho a decidir lo que va a pasar. Ella se había marchado, por lo que ahora su marido tenía derecho a considerar este abandono como motivo para un divorcio, o bien podía perdonarla y reconciliarse. El principio judío era que la víctima siempre decide, y Pablo parece considerarlo un principio bíblico.

Pero ¿y si la mujer no fuera cristiana? En ese caso no escucharía a Pablo y su marido seguiría abandonado. Por eso Pablo dijo a las personas que se encontraban en esas circunstancias que "ya no estaban atadas" (1 Cor. 7:15). No puede querer decir que estaban obligadas por el matrimonio, porque en el derecho romano su matrimonio ya estaba terminado. Así que, presumiblemente quiere decir que estaban correctamente divorciadas y eran libres de volver a casarse.

En realidad, según el derecho romano, la gente estaba obligada a volver a casarse. En 18 a.C., una ley romana ordenaba que todos los divorciados debían volver a casarse en un plazo de 12 meses, porque Augusto quería aumentar el número de ciudadanos romanos legítimos. Así que si Pablo estaba en contra de las segundas nupcias tendría que decirlo muy claramente, porque estaría pidiendo a los creyentes de ciudades romanas que se arriesgaran a ser procesados.

No obstante, todo lo que Pablo menciona sobre el tema de las segundas nupcias se encuentra en un par de versículos ambiguos que mencionan que el matrimonio se acaba con la muerte (1 Cor. 7:39; Rom. 7:2-3). Son ambiguos porque no dicen que el matrimonio solo termina por medio de la muerte; lo que ocurre es que no mencionan el divorcio como otra forma posible de poner fin a un matrimonio. Lo que es de esperar, porque el contexto en ambos casos se refiere a la muerte; uno se dirige a las viudas, y el otro es una metáfora sobre la muerte con Cristo, así que no hay razón para mencionar el divorcio en ninguno de ambos. Pablo guardó silencio; no prohibió las segundas nupcias, por lo que debemos suponer que estaban permitidas, como en la ley del Antiguo Testamento.

VOTOS MATRIMONIALES CRISTIANOS

Los votos matrimoniales modernos se basan en Éxodo 21:10–11, al que alude Pablo cuando habla de lo que implica el matrimonio. A quienes desean abstenerse de las relaciones sexuales, les dice que deben hacerlo solo durante un breve período, debido a su deber para con su cónyuge (1 Cor. 7:3-5). Cuando los rabinos discutían esta misma cuestión, lo hacían de una forma mucho más legalista. Pablo también esperaba que sus lectores conocieran los requisitos para suministrar alimentos y ropa, ya que habla de la preocupación por el sustento material dentro del matrimonio (1 Cor. 7:32–34). Así que, aunque Pablo no lo especifica, es evidente que esperaba que sus lectores cumplieran con las leyes sobre el suministro de alimentos, ropa y amor a su cónyuge. Y si sabían esto, también sabrían que incumplir con estas eran las causas habituales de divorcio.

La redacción de nuestros votos modernos está influida por la versión que encontramos en Efesios, que recoge los votos nupciales de Jesús por su Iglesia: prometió amarla, alimentarla y cuidarla (Ef. 5:25–29). Las palabras "nutrir" y "cuidar" traducen palabras griegas para alimentar y vestir a los niños. Dicho de otro modo, son maneras de expresar el triple voto de proporcionar alimento, vestido y amor conyugal. Esta misma transición de la terminología legal a un lenguaje más agradable se encuentra en matrimonios judíos y cristianos posteriores que se refieren a "amar, honrar y respetar". Y también se incluyó la cuarta causa, cuya falta es motivo de divorcio, basada en Deuteronomio 24:1: "sé fiel".

En el mundo judío de Jesús, romper cualquiera de estos votos matrimoniales podía derivar en divorcio. La pareja agraviada podía presentar pruebas ante un tribunal rabínico, o podía decidir perdonar en su lugar. Jesús hizo hincapié en el perdón. Que un miembro de la pareja haya obrado mal no significa que la otra parte se tuviera que divorciar de él/ella. Jesús quería que nuestra primera reacción fuera el perdón, y dijo que la ruptura de los votos solo debía conducir al divorcio si había "dureza de corazón". Al utilizar esta frase tan poco habitual, Jesús les recordó a Jeremías, quien dijo que la nación de Israel había pecado de forma tan persistente y sin arrepentirse (es decir, con dureza de corazón) que Dios se había divorciado de ella como último acto.

Es notable que la Biblia retrate Dios mismo como un divorciado reticente que busca volver a casarse. Jeremías se pregunta si Dios puede volver a casarse con Israel dado que la ley prohíbe volver a casarse con alguien de quien uno se ha divorciado (Jer. 3:1, 6–8; Deut. 24:1-4). Pero los profetas dijeron que habría una Nueva Alianza en la que las dos antiguas naciones de Israel y Judá se unirían como una nueva nación, es decir, una nueva novia, y más tarde se reveló que incluía a la Iglesia (Jer. 31:31–34; Ezeq. 37:15–28; Ap. 21:9–14).

Muchas iglesias rechazan a las personas divorciadas, tachándolas explícitamente de haber cometido un pecado imperdonable. A los divorciados o a los que se vuelven a casar se les suele prohibir la comunión y ocupar cargos de liderazgo. Pero ser divorciado o volver a casarse no puede considerarse pecaminoso si se es fiel a Dios en estos términos. El divorcio de Dios se basó en los cuatro motivos bíblicos (como vimos anteriormente): Israel fue infiel cometiendo adulterio con los ídolos; Ezequiel dice que les dio a ellos la comida, la ropa y el amor que se debía a Dios.

Malaquías apunto a la ira de Dios contra los divorcios no bíblicos de esposas que no habían hecho nada malo (Mal. 2:13–16). Cuando esta práctica se institucionalizó con el nuevo divorcio por cualquier causa de Hillel, Jesús fue igualmente crítico. El divorcio sin culpa actual hace esencialmente lo mismo, aunque ahora puede ser empleado tanto por hombres como por mujeres para divorciarse de una pareja inocente contra su voluntad.

Jesús apoyó el matrimonio al condenar el divorcio "sin culpa" de su época, pero no pretendía que abandonáramos el principio bíblico sobre el divorcio. En cambio, quería permitirlo solo por ciertos motivos. Negó el divorcio por "cualquier causa" porque era contrario a esos motivos bíblicos permitir el divorcio sin las causas de adulterio, abuso o abandono, e incluso la falta menor de negligencia.

Me encantaría que las iglesias reafirmaran estos motivos bíblicos para el divorcio, y ayudaran a construir matrimonios fuertes mientras trabajan para reducir las separaciones ocasionadas por razones intrascendentes. También deberíamos poner fin a toda discriminación contra los divorciados, especialmente cuando son víctimas inocentes.

Sin embargo, el cambio es difícil para las iglesias cuya doctrina está arraigada en un malentendido de las enseñanzas de Jesús largamente sostenido. El desconocimiento de las antiguas fórmulas jurídicas utilizadas en los evangelios nos ha llevado a doctrinas ilógicas y poco prácticas, que no serán fáciles de corregir. Aunque una iglesia acepte esta nueva concepción, necesitará humildad y paciencia para modificar los estándares establecidos tradicionalmente. Todos sabemos que cuanto más grande es el barco, más tarda en virar. Y algunas de nuestras iglesias tienen timones agarrotados por siglos de óxido. Sólo pueden moverse por la oración y el aceite del Espíritu Santo.

RESUMEN DE LOS PUNTOS CLAVE

- No se le preguntó a Jesús sobre el divorcio en general, sino sobre el nuevo divorcio «por cualquier causa», que era efectivamente un divorcio sin culpa.
- Jesús lo rechazó, diciendo que el versículo en el que se basaba (Deut. 24:1) no se refería más que a la indecencia sexual.
- Este nuevo motivo de divorcio pronto suplantó a las causas bíblicas por adulterio, abuso y abandono (que se basaban en Deut. 24:1 y Ex. 21:10–11).
- Jesús no necesitó reafirmar estos motivos bíblicos para el divorcio, porque todo el mundo en aquella época los aceptaba.
- Pablo tampoco los señaló, pero su enseñanza en 1 Corintios 7 implica que estaba de acuerdo con ellos.
- Pablo rechazó el divorcio romano por «separación sin culpa», al igual que Jesús rechazó el divorcio judío sin culpa.
- Los votos matrimoniales cristianos tradicionales se basan en los motivos bíblicos de divorcio.

PREGUNTAS PARA EL DEBATE Y LA REFLEXIÓN

1. «Adulterio, abuso y abandono» es una algo resumido fácil de entender, pero ¿es exacto? ¿Cuáles de los siguientes motivos querría usted incluir?: Abandono, agresión emocional, desprecio, odio ¿u otros?
2. Si la Iglesia ha malinterpretado durante siglos frases como «divorcio por cualquier causa», ¿significa esto que no

podemos estar seguros de lo que dice la Biblia? ¿Cree que hay otros ámbitos en los que nuestra comprensión podría resultar errónea?

3. ¿Conoce a personas que se hayan sentido rechazadas por la Iglesia? ¿Qué cambios propondría usted para que se sintieran más acogidas?

4. Piense en alguna ocasión en la que haya oído pronunciar votos en una boda o en que usted mismo los haya pronunciado. ¿Cree que los que expresan los votos se dan cuenta de la seriedad de lo que están prometiendo? ¿Qué les pediría que tuvieran en cuenta antes de recitar esos votos?

Lecturas recomendadas

Divorce and Remarriage in the Church: Biblical Solutions for Pastoral Realities, por David Instone-Brewer. Carlisle, Cumbria: Paternoster Press 2003 y Downers Grove: InterVarsity Press, EE. UU. 2007. Este libro explica con más detalle la base y la explicación de lo que dice este capítulo.

Remarriage After Divorce in Today's Church: 3 Views, por Paul E. Engle, Mark L. Strauss, Gordon John Wenham, William A. Heth y Craig Keener. Grand Rapids, Zondervan, 2006. Este libro presenta las principales alternativas para entender estos difíciles textos.

Divorce and Remarriage: Biblical Principles and Pastoral Practice, por Andrew Cornes. London, Hodder & Stoughton, 1993.

Este libro es la mejor presentación bíblica y pastoral de la interpretación del no divorcio.

www.DivorceRemarriage.com

Aquí hay muchos recursos, incluidas las maravillosas presentaciones y vídeos de PlayMobible.

Apéndice

Antecedentes intertestamentarios de las visiones judías y cristianas primitivas sobre la mujer

Manfred T. Brauch

Durante el periodo intertestamentario, entre la finalización de la Biblia hebrea (nuestro Antiguo Testamento) y el Nuevo Testamento, que data aproximadamente del 300 a.c. al 100 d.c., se desarrolló en el judaísmo una visión decididamente negativa de la mujer. Los maestros judíos, de cuyos escritos de ese periodo se conservan algunos en los Apócrifos y Pseudoepígrafos, así como en el Talmud, promovían que la mujer era el sexo débil, inferior al hombre, y principal responsable de la Caída. Estas creencias se basaban principalmente en interpretaciones de pasajes del Génesis, y se convirtieron en la base de ideas como la condición de sierva de la mujer, y la poca fiabilidad de su testimonio. Este apéndice destaca las enseñanzas de varios escritores judíos de ese periodo, así como escritos de los primeros líderes y eruditos cristianos que suscribían a puntos de vista patriarcales similares.

En un pasaje sobre formas especialmente graves de maldad (Libro del Eclesiástico 25:13-23), leemos: "¡Cualquier herida, solo que no una herida de corazón! ¡Cualquier maldad, solo que no la maldad de una mujer!" (25:13). Esta valoración se basa en la observación de que "de una mujer se originó el pecado, y por ella todos debemos morir". (25:24). Por lo tanto, "si ella no hace lo que le pides, quítala de tu carne" (25:26) que significa: "Si no te obedece, divórciate de ella". Estas ideas se expresan también en 42:14, donde "la maldad de un hombre" se juzga como "mejor... que la bondad de una mujer".[1]

En una legendaria conversación entre Eva y Adán después de la Caída (en los Libros de Adán y Eva), ella se dirige a Adán como "mi señor" en todo momento, y confiesa "he traído problemas y angustia sobre ti" (v. 3). En otro pasaje, le pregunta a Adán si quiere matarla, pues tal vez entonces "el Señor os introduzca en el paraíso, ya que por mi culpa habéis sido expulsados de allí". La interpretación de Génesis 3:16 como una orden divina se expresa claramente en un pasaje en el que el arcángel Joel, hablando en nombre de Dios, castiga a Adán por escuchar una sugerencia de Eva: "No he creado a tu mujer para que te mande, sino para que obedezca... "[2]

Una interpretación rabínica de Génesis 18:15 (donde Sara es sorprendida en una mentira) concluía en que las mujeres eran engañosas por naturaleza y, por lo tanto, no se podía confiar en su testimonio. Enseñar la Torá (la Ley judía) a una mujer equivalía a enseñarle promiscuidad. De hecho, se consideraba mejor quemar la Torá que entregarla en manos de mujeres. Que los hombres hablaran mucho con las mujeres se consideraba una fuente de maldad que, en última instancia, conduciría a un severo juicio divino.[3]

El filósofo-teólogo judío del siglo I, Filón de Alejandría, en sus reflexiones sobre Génesis 2:21, se pregunta por qué la mujer, a diferencia del hombre (¡y de los animales!) no se formó a partir de la tierra. Su respuesta es: "Primero, porque la mujer no es igual en honor al hombre. En segundo lugar, porque no es igual en edad, sino más joven. En tercer lugar [Dios] desea que el hombre cuide de la mujer como una parte muy necesaria de él, pero que la mujer, a su vez, le sirva como un todo". (en el comentario de Filón al Génesis, Libro I, 17). En referencia a Génesis 3:1 pregunta: "¿Por qué la serpiente habla a la mujer y no al hombre?" Su respuesta es: "La mujer está más acostumbrada a ser engañada que el hombre... Debido a su blandura, cede fácilmente y se deja engañar por falsedades plausibles que se asemejan a la verdad". (Génesis, Libro I, 33).[4]

Su contemporáneo más joven, el historiador judío Josefo, escribió: "Que no se acepte ninguna prueba de las mujeres a causa de la ligereza y temeridad de su sexo, ni que los esclavos den testimonio a causa de la bajeza de su alma... porque no atestiguarán la verdad".[5] Estas actitudes son expresadas ampliamente en una de las "Dieciocho Bendiciones" rezadas regularmente por los hombres judíos, en la que se alaba a Dios por no haberlos creado ni esclavos, ni gentiles, ni mujeres.[6]

La práctica judía del siglo I refleja el impacto de estas perspectivas. En consonancia con la opinión negativa sobre su fiabilidad y honradez, el testimonio de las mujeres no era aceptable en un tribunal de justicia. Se les restringió el estudio de la Torá. En el culto de la sinagoga, se les segregaba tras una cortina y no se les permitía participar activa y vocalmente en la liturgia del culto. El santuario principal del templo estaba reservado para los hombres judíos, mientras que las mujeres eran relegadas a un nivel inferior, fuera del santuario principal, llamado "el patio de las mujeres".[7]

No todas las voces de la tradición judía se unieron a este coro negativo sobre el valor y la condición de la mujer. En algunos textos judíos, el primer hombre, y no la mujer, es considerado responsable de la entrada del pecado y la muerte en el mundo. Al reflexionar sobre el origen del pecado y del mal, el autor del libro apócrifo 4 Esdras afirma que Dios solo dio a Adán un mandamiento que cumplir, "pero él lo transgredió" (4 Esd. 3:7). Continúa diciendo: "Porque el primer Adán, revistiéndose del corazón malvado, prevaricó y fue vencido" (4 Esd. 3:21; cf. 7:11-12). Luego está el lamento de 4 Esdras 7:18: "¡Oh, Adán, ¡qué has hecho! Porque aunque fueron ustedes los que pecaron, la caída no fue solo de ustedes, sino también nuestra, que somos vuestros descendientes".[8] El uso que hace Pablo de "Adán" (Rom. 5:14; 1 Cor. 15:22) y de "un hombre" o "un ser humano" (Rom. 5:12; 1 Cor. 15:21) como antítesis de "Cristo" (Rom. 5:14; 1 Cor. 15:22; cf. 15:45-49) coincide con estas excepciones a la abrumadora insistencia del pensamiento judío en la culpabilidad de Eva. Desgraciadamente, estas voces alternativas quedaron en gran medida silenciadas en el coro más ruidoso, y no influyeron de manera significativa en el desarrollo de las opiniones cristianas de los primeros siglos. Por el contrario, los escritos de los primeros líderes de la Iglesia durante esos primeros siglos demuestran ampliamente que prevalecía la visión negativa sobre la mujer en el judaísmo, la cual la relegaba a un estatus servil en relación con el hombre.

Los comentarios de los primeros padres de la Iglesia sobre Génesis 1-3, reflejan en forma evidente las interpretaciones judías tradicionales de estos textos.

Efrén el Sirio (306–373 d.c.) parece hacer eco de la opinión expresada en Los libros de Adán y Eva (véase más arriba), cuando afirma: "Ella [Eva] se apresuró a comer antes que su marido... para convertirse en la que diera órdenes a aquel por quien debía ser mandada..." Ireneo (135–202 d.c.) escribió: "Así como el género humano fue sometido a la muerte por el acto de una virgen, así también fue salvado por una virgen; de este modo, la desobediencia de una virgen fue precisamente equilibrada por la obediencia de otra". (Algunos padres de la Iglesia sostuvieron que Adán y Eva no tuvieron relaciones sexuales antes de la Caída. Por este motivo, Eva era considerada virgen antes de ser tentada).[9] Comentando Génesis 2:20, Agustín (354–430 d.c.) afirma que "él [Adán] manda y ella [Eva] obedece". Él se rige por la sabiduría; ella, por el hombre".[10]

En sus reflexiones sobre los pasajes del Nuevo Testamento relativos a la relación entre marido y mujer, los primeros padres de la Iglesia evidenciaron su deuda con el pensamiento de sus antepasados judíos. Por ejemplo, Ambrosio de Milán (333–397 d.C.) afirma que "la que fue hecha como ayudante necesita la protección del más fuerte... Y, sin embargo, mientras creía que tendría la ayuda de su mujer, cayó por culpa de ella".[11] En referencia a Génesis 2:23, Ambrosiaster (siglo IV d.c.) afirma que "aunque el hombre y la mujer son de la misma sustancia, el hombre tiene prioridad relacional... Es mayor que ella por causa y orden, pero no por sustancia".[12] Asimismo, Teodoreto de Ciro (393-466 d.c.) sostiene que "El hombre tiene el primer lugar debido al orden de la creación". Al hablar del significado de esta primacía del hombre, afirma que "la mujer fue creada para servir [al hombre], y no al revés".[13]

Muchos de los primeros maestros cristianos leyeron textos del Nuevo Testamento sobre la mujer (por ejemplo, 1 Cor.; Ef. 5; 1 Tim. 2) también a través de la lente de la tradición interpretativa judía apoyada en los relatos de La Creación y La Caída, y se vieron influidos en su interpretación de estos textos por las normas culturales imperantes. Sin embargo, al igual que en el judaísmo, también hubo voces contrarias entre los Padres griegos de la Iglesia, que oyeron que esos textos les hablaban de otra manera.

Lo que estos breves y representativos ejemplos revelan sobre las interpretaciones y comprensiones tanto judías como entre los primeros cristianos acerca de los textos bíblicos, es la verdad expresada por Pablo en 2 Corintios 4:7, de que guardamos la revelación de Dios "en nuestros vasos de barro". Esto significa que a veces nos equivocamos; malinterpretamos el texto bíblico. Y a veces, los seres humanos somos tan cautivos de las prácticas y normas culturales, que escuchamos su voz con más claridad que la auténtica voz bíblica.

Telford Work, en su obra *Living and Active: Scripture in the Economy of Salvation*, hace esta poderosa y perspicaz observación:

«La historia del Jesús terrenal es la historia del Verbo eterno traído al mundo caído y puesto a su merced (Mc. 14:41). De la misma manera, la inversión de Dios en las palabras de la Escritura significa que a corto plazo, en su propio viaje al mundo, las palabras divinas están sujetas a una sumisión similar y a una separación de su hablante celestial, y una entrega similar a hablantes y oyentes pecadores... Al entregar [la Biblia] al mundo, Dios hace que sus palabras sean vulnerables, por un tiempo, al abuso».

Estoy convencido de que la interpretación jerárquica de los textos bíblicos sobre la relación entre hombres y mujeres, y específicamente entre maridos y esposas, es un ejemplo de abuso.

Notas finales

Capítulo 1: Génesis: Un buen lugar para empezar

1. Véase Mildred Pagelow, en *Woman-Battering: Victims and Their Experiences* (Thousand Oaks, CA: Sage Publications, 1981), desarrolla un marco teórico para comprender los malos tratos a las esposas, en el que identifica la «ideología tradicional» sobre las relaciones hombre-mujer como uno de los principales factores que contribuyen al maltrato de las mujeres. Véase también Robert G. Clouse y Bonidell Clouse, eds., *Women in Ministry. Four Views* (Downers Grove, IL: InterVarsity Press, 1989), pp. 4-21. El historiador R. Clouse pasa revista a los diversos factores y desarrollos históricos, culturales y eclesiásticos en esta cuestión del papel de la mujer en la Iglesia. Concluye que «este es uno de los problemas más acuciantes a los que se enfrentan los creyentes en los últimos años del siglo XX». Véase también James y Phyllis Alsdurf, *Battered Into Submission: The Tragedy of Wife Abuse in the Christian Home* (Downers Grove, IL: InterVarsity Press, 1998).

2. Eugene Peterson, en *The Message*, traduce el hebreo de Génesis 1:26 con «Hagamos seres humanos a nuestra imagen», reconociendo así el significado genérico de *adam* en este texto.

3. Ray S. Anderson y Dennis B. Guernsey, en *On Being Family: A Social Theology of the Family* (Grand Rapids, MI: Eerdmans, 1985), pp. 17-18, hablan de esto como «co-humanidad»: «La antropología teológica, basándose en la enseñanza bíblica [muestra que] la persona solitaria no puede compartir plenamente la existencia humana completa. . . . Según el relato de la creación en Génesis 2, la co-humanidad es el aspecto original y, por tanto, la quintaesencia de la existencia humana personal e individual» Véase también Mary S. VanLeuwen, *Gender and Grace: Love, Gender and Parenting in a Changing World* (Downers Grove, IL: InterVarsity Press, 1990), pp. 38-41, quien sostiene que una dimensión

importante de la imagen de Dios es nuestra sociabilidad: «. . . estamos tan inquebrantablemente creados para la comunidad que ni siquiera podemos desarrollarnos como personas plenas a menos que crezcamos en contacto nutritivo con los demás», incluyendo especialmente «la comunión con el sexo opuesto»

4. En el antiguo Próximo Oriente, era habitual que un monarca conquistador dejara una estatua, una «imagen» de sí mismo en el territorio conquistado, como recordatorio visible de que seguía ejerciendo su soberanía sobre él.

En la creación, Dios vence el caos, crea el orden y coloca en él a la creación humana como imagen de Dios, para ejercer un dominio responsable dentro de la creación y sobre ella.

5. Mary Stewart Van Leuwen, *Gender and Grace* (Downers Grove, Ill: InterVarsity Press, 1990), p. 42.

6. Citado en Andrew Louth, ed., *Genesis 1-11. Ancient Christian Commentary on Scripture, Antiguo Testamento I* (Downers Grove, IL: InterVarsity Press, 2001), p. 28.

7. Incluso en español, la palabra «ayudante» tiene varios significados posibles. Además del significado de «asistente» o «sirviente» (como en los carteles de «se necesita ayuda»), la palabra también puede referirse a alguien en una posición superior (como cuando alguien lanza un salvavidas a una persona que se está ahogando), o en una posición de autoridad (como un profesor, que fue de gran ayuda en mi investigación de tesis).

8. Algunos de los primeros padres de la Iglesia interpretaron así la relación de la mujer con el hombre. Efrén el Sirio escribió que la mujer como ayudante del hombre significaba que ella «ayudaría al hombre» en las diversas tareas de la agricultura y la ganadería. Asimismo, Agustín entiende a la mujer como ayudante del hombre en el sentido de la relación entre gobernante (el hombre) y gobernada (la mujer). Ambrosio sostiene que la mujer es llamada «ayudante» en el sentido de «la generación de la familia humana, una muy buena ayudante», y, a continuación, ofrece una analogía de su propia época: «Vemos que la gente que ocupa cargos altos e importantes suele recurrir a la ayuda de personas que están por debajo de ellos en rango y estima». Véase Andrew Louth, ed. *Genesis 1-11. Ancient Christian Commentary on Scripture. Old Testament I* (Downers Grove, IL: InterVarsity Press, 2001), pp. 68-69.

9. Isa 30:5; Eze 12:14; Da 11:34

10. Por ejemplo, Ex 18:4; Dt 33:7, 26, 29; 1Sa 7:12; Sal(s) 33:20; 46:1; 70:5; 115:9, 10, 11; 121:1, 2).

11. Véase Samuel Terrien, *Til the Heart Sings: A Biblical Theology of Manhood and Womanhood* (Filadelfia, PA: Fortress Press, 1985), pp 9-10, quien escribe: «La mentalidad antigua, especialmente la hebraica, consideraba la soledad como la negación de la vida auténtica, pues la vida verdadera no es individual, sino corporativa y social. La palabra hebrea traducida como «solo» (Gén. 2:18) tiene un matiz de separación e incluso de alienación. El ser humano vive únicamente en la medida en que se relaciona en su entorno con compañeros con los que comparte mutualidad y complementariedad. Los animales no cumplen los requisitos de una verdadera asociación». Véase también G. Ernest Wright, The Old Testament Against its Environment (Londres: SCM Press, 1951).

12. El filósofo judío del siglo I Filón de Alejandría, que en general no es partidario de la igualdad de la mujer, entiende que el *ezer kenegdo* de Gén. 2:18 y 20 «se refiere a la asociación . . . con los que aportan beneficios mutuos . . . A cada uno de los que se unen en la sociedad del amor, se le puede aplicar el dicho de Pitágoras de que 'un amante es en realidad otro yo'». Véase *Questions and Answers on Genesis, I.17.* Loeb Classical Library (Cambridge: Harvard University Press, 1937).

13. Andrew Louth, ed., *Ancient Christian Commentary on Scripture: Old Testament* (Downers Grove, IL: IVP Academic), 1:92.

14. Helmut Thielicke, *How the World Began: Man in the First Chapters of the Bible* (Filadelfa, PA: Muelenberg Press, 1961), argumenta persuasivamente que nos perdemos las grandes intuiciones teológicas de estas narraciones si las leemos como relatos histórico-literales en lugar de como afirmaciones de fe teológica en forma de poesía y narración. Véase también G. E. Wright, *Studies in Biblical Theology,* n.º 2 (Londres: SCM Press, 1957), muestra que las afirmaciones teológicas centrales del A. T. deben entenderse como formulaciones polémicas frente a las mitologías y creencias religiosas de su entorno.

15. 2Co 5:17; Gal 3:27-28. Véase mi análisis de Gálatas 3:27-28 en *Abusing Scripture: The Consequences of Misreading the Bible* (Downers Grove, IL: InterVarsity Press, 2009) pp.182-185. Para una interpretación detallada y magnífica de los textos paulinos que, a primera vista, parecen abogar por una estructura jerárquica en la relación hombre-mujer en el hogar, la iglesia y la sociedad, recomiendo encarecidamente a el libro

de Philip B. Payne, *Man and Woman, One in Christ. An Exegetical and Theological Study of Paul's Letters* (Grand Rapids, MI: Zondervan, 2009).

Capítulo 2: Amistad íntima: ¿Cómo se llega allí?

1. Jame Olthius "With-ing: A Psychotherapy of Love," *Revista de psicología y teología* 34 (2006): 66-77.

2. Anthony Hoekema, *Created in God's Image* (Grand Rapids: William B. Eerdmans Publishing Company, 1986).

3. James R. Beck y Bruce Demarest, *The Human Person in Theology and Psychology: A Biblical Anthropology for the Twenty-First Century* (Grand Rapids: Kregel Publications, 2005).

4. Véase Janelle Kwee y Längle, Alfried, «Phenomenology in Psychotherapeutic Praxis: An Introduction to Personal Existential Analysis,» *Experiencing EPIS, a Journal of the Existential and Psychoanalytic Institute and Society*, 2 (2013): 139-163; Alfried Längle, "The Viennese School of Existential Analysis. The search for Meaning and Affirmation of Life," en *Existential Therapy: Legacy, Vibrancy, and Dialogue*, ed. Barnett and Madison, (Nueva York: Routledge, 2012), 159- 170; y Viktor Frankl, *On the Theory and Therapy of Mental Disorders: An Introduction to Logotherapy and Existential Analysis* (Nueva York: Brunner-Routledge, 2004).

5. Brené Brown, *Daring Greatly: How the Courage to be Vulnerable Transforms the Way we Live, Love, Parent, and Lead* (Nueva York: Avery, 2012).

6. Carol Gilligan, *In A Different Voice* (Cambridge: Harvard University Press, 1982) y *The Birth of Pleasure (*Nueva York: Knopf, 2002).

7. Sue Johnson, *Love Sense: The Revolutionary New Science of Romantic Relationships* (Nueva York: Little Brown and Company, 2013), 4.

8. Henri Nouwen, *Reaching Out: The Three Movements of the Spiritual Life* (Nueva York: Doubleday, 1975), 81.

9. John M. Gottman y Nan Silver, *Siete reglas de oro para vivir en pareja* (Debolsillo Clave, 2019).

Capítulo 3: Comunicarse como pareja

1. John M. Gottman y Nan Silver, *Siete reglas de oro para vivir en pareja* (Debolsillo Clave, 2019), 3.

2. Robert L. Lees, *Prepared Companions: A Guide to Loving Relationships* (Ravensdale, WA: Idyll Arbor, 2004), 45.

3. Marshall B. Rosenberg, *Comunicación no violenta: Un Lenguaje de Vida*, 3ª ed. (Encinitas, CA: Puddle Dancer Press, 2019), 127.

4. John M. Gottman, Julie Schwartz Gottman y Joan DeClaire, «We Only Have Time for the Kids Now», en *10 Lessons to Transform Your Marriage: America's Love Lab Experts Share Their Strategies for Strengthening Your Relationship* (Nueva York: Three Rivers Press, 2006), 241-242.

5. Gottman y Silver, *Siete reglas de oro para vivir en pareja*.

6. Basándose en esta información, el Dr. Gottman puede escuchar durante solo unos minutos a una pareja en conflicto y predecir con una media del 91 % de precisión si una relación está prosperando o, sin intervención, acabará en divorcio (Gottman y Silver, *Siete reglas de oro,* 2).

7. El concepto y la imagen de los Cuatro Jinetes fueron creados por los Dres. John y Julie Gottman. Reimpreso con permiso del Instituto Gottman. Para más recursos, talleres y terapia de pareja, visite www.gottman.com.

8. Esta información procede principalmente de Gottman y Silver, *Siete reglas de oro para vivir en pareja*.

9. Gottman y Silver, *Siete reglas de oro,* 41.

10. Aída Besançon Spencer, William David Spencer, Steven R. Tracy y Celestia G. Tracy, «Marriage Roles and Decision Making: Aída and Bill Spencer's Viewpoint," en del libro *Marriage at the Crossroads: Couples in Conversation about Discipleship, Gender Roles, Decision Making and Intimacy* (Downers Grove, IL: IVP Academic, 2009).

11. Ibidem, 101.

12. Ibidem, 109.

13. Ibidem, 109-110.

14. El ejercicio «El arte del compromiso» fue creado por los Dres. John y Julie Gottman, investigadores y psicólogos de renombre mundial en relaciones de pareja y familiares. Reimpreso con permiso del Instituto Gottman. Para más recursos, talleres y terapia de pareja, visite www.gottman.com.

15. El ejercicio «Luego de una pelea» fue creado por los Dres. John y Julie Gottman, investigadores y psicólogos de renombre mundial en relaciones de pareja y familiares. Reimpreso con permiso del Instituto

Gottman. Ejemplares disponibles en formato folleto. Para más recursos, talleres y terapia de pareja, visite www.gottman.com.

Capítulo 4: Cuestiones de dinero

1. Si necesitan ayuda para alcanzar una decisión, prueben el ejercicio «El arte del compromiso» del capítulo sobre Comunicación en pareja.

2. Pueden responder a esta pregunta en parte leyendo los informes anuales de la organización, buscando validaciones externas como la aprobación del ECFA (del inglés Evangelical Council for Financial Accountability), y solicitando el formulario 990 de 990-PF que la organización debe presentar al IRS detallando las finanzas de la organización. El National Center for Charitable Statistics tiene enlaces en línea a muchos Formularios 990 de 990-PF (Véase: nccsweb.urban.org).

3. En el caso de los alimentos y artículos domésticos que se compran con regularidad, utilicen una lista para evitar la tentación de comprar cosas que ven y que no necesitan. Sigan las publicidades y compren en cantidad para utilizar más tarde artículos en unas buenas rebajas o consideren la posibilidad de hacerse socios de un club de almacenes, donde los precios suelen ser más bajos. Utilicen cupones si son para artículos que utilizan habitualmente. Comparen el precio por onza de distintos tamaños y marcas. Compren marcas blancas en lugar de marcas nacionales si son de calidad comparable. No compren cuando tengan hambre o estén fatigados. Traten de comprar alimentos menos procesados (por ejemplo, patatas en lugar de patatas fritas), que suelen ser más baratos y más sanos. Traten de comer menos fuera. Busquen cosas creativas e ingeniosas que puedan hacer, como cuidar su propio jardín o realizar sus propias reparaciones o coser para reducir la necesidad de gastar.

Capítulo 5: Perdón, disculpa y reconciliación

1. Smedes, Lewis B. Smedes, *El arte de perdonar: Cuando necesitas perdonar y no sabes cómo* (Nueva York: Ballantine Books, 1996), 171.

2. Lewis B. Smedes. BrainyQuote.com, Xplore Inc, 2016.

3. Si una persona está traumatizada por una o varias ofensas, es comprensible que le cueste perdonar. La opresión, el abuso o el dolor infligidos por otra persona crean un nivel de trauma psicológico. Los efectos del trauma son polifacéticos y pueden incluir: flashbacks periódicos, recuerdos y sueños intrusivos, esfuerzos por evitar el recuerdo,

incapacidad para dormir o concentrarse, limitaciones generales en el funcionamiento, como irritabilidad, e incapacidad para experimentar emociones positivas.

4. Robert D. Enright, *Forgiveness is a Choice: A Step-by-Step Process for Resolving Anger and Restoring Hope* (Washington, DC: American Psychological Association, 2001), 273-4.

5. Lewis B. Smedes. BrainyQuote.com, Xplore Inc, 2016.

6. Sue Johnson, *Abrázame fuerte: Siete conversaciones para lograr un amor de por vida* (New York: Little, Brown and Company, 2008).

7. Incluyo estadísticas de múltiples fuentes que describen los casos de violencia doméstica: el 25 % de las mujeres son víctimas de violencia física. Véase: Al Miles, *Domestic Violence: What Every Pastor Needs to Know* (Mineápolis: MN, 2000), 50; Jimmy Carter, *A Call to Action: Women, Religion, Violence, and Power* (Nueva York: Simon & Schuster, 2014), 143; Ron Clark, *Setting the Captives Free: A Christian Theology for Domestic Violence* (Eugene, OR: Wipf & Stock, 2005), 234. El 29 % de las mujeres y el 10 % de los hombres son víctimas (National Domestic Violence Hotline); si se incluye el maltrato psicológico, el 50 % de las mujeres son víctimas (Clark, 2005, Intro.xx); el 50 % de las mujeres y los hombres son víctimas de agresiones psicológicas (National Domestic Violence Hotline), y una de cada tres mujeres (The American Medical Association) según recoge Lundy Bancroft, *Why Does He Do That: Inside the Minds of Angry and Controlling Men* (Nueva York: The Berkeley Publishing Group, 2002), 9. Tres de cada diez mujeres canadienses de Nancy Nason-Clark, *The Battered Wife: How Christians Confront Family Violence* (Louisville, Kentucky: Westminster John Knox Press, 1997) 6.

8. «...los investigadores en el campo de la violencia familiar han sostenido sistemáticamente que el maltrato traspasa todas las fronteras religiosas y que los índices dentro y fuera de los muros de la Iglesia son similares». Catherine Clark Kroeger y Nancy Nason-Clark, *No Place for Abuse: Biblical & Practical Resources to Counteract Domestic Violence.* (Downer's Grove, IL: InterVarsity Press, 2010), 50.

9. Shirley P. Glass con Jean Coppock Staeheli, *Not "Just Friends:" Rebuilding Trust and Recovering Your Sanity After Infidelity* (Nueva York: Free Press, 2003), 2.

10. Ibidem, 340.

11. Ron Clark, *Setting the Captives Free: A Christian Theology for Domestic Violence* (Eugene, OR: Wipf & Stock, 2005), 173.

12. Al Miles, *Domestic Violence: What Every Pastor Needs to Know.* (Mineápolis, MN: Augsburg Fortress, 2000),130.

13. Al Miles, *Domestic Violence*

14. Para ilustrar el extenso proceso del perdón, Everett Worthington, *Five Steps to Forgiveness: The Art and Science of Forgiving* (Nueva York: Crown Publishers, 2001) presenta un modelo de perdón en cinco pasos. Robert D. Enright, *Forgiveness is a Choice: A Step- by-Step Process for Resolving Anger and Restoring Hope* (Washington, DC: American Psychological Association, 2001) ha desarrollado unas directrices de cuatro fases para perdonar. La segunda parte de Judith Herman, *Trauma and Recovery: The Aftermath of Violence- from Domestic Abuse to Political Terror* (Nueva York: Basic Books, 1992) está dedicada a las etapas de recuperación tras un traumatismo.

15. Lewis B. Smedes, *Forgive and Forget: Healing the Hurts We Don't Deserve* (Nueva York: HarperCollins Publishers, 1984).

16. Everett Worthington, *Forgiving and Reconciling: Bridges to Wholeness and Hope* (Downer's Grove, IL: InterVarsity Press, 2003).

17. Everett Worthington, *Five Steps to Forgiveness: The Art and Science of Forgiving* (Nueva York: Crown Publishers, 2001).

18. Corrie ten Boom, "Corrie ten Boom on Forgiveness," *Guideposts,* noviembre de 1972, https://www.guideposts.org/better-living /positive-living/ guideposts-classics-corrie-ten-boom-on-forgiveness.

19. Ibidem

20. *Diccionario Merriam Webster*, 1996, «repent» (arrepentimiento)

21. Sue Johnson, *Abrázame fuerte*, 176-177.

22. Lewis B. Smedes, *El arte de perdonar* (Nueva York: Ballantine Books, 1996).

Capítulo 6: Sexualidad sagrada

1. Ronald Rolheiser, *The Holy Longing: Search for a Christian Spirituality* (Nueva York: Doubleday, 1999), 196.

2. James Wittstock, "Further Validation of the Sexual-Spiritual Integration Scale: Factor Structure and Relations to Spirituality and Psychological Integration» (tesis inédita, Loyola College, 2009).

3. Las personas de nuestra investigación hablan de la posibilidad y la esperanza de que podamos vivir libres de vergüenza. Compartieron la

oscuridad de la vergüenza sexual y sus anhelos de cambio. Hablaron de cómo su camino hacia la curación fue arduo, pero mereció la pena, y les condujo a la reciprocidad en sus relaciones sexuales con sus cónyuges. Estos viajes arrojaron luz sobre los espacios oscuros de su interior; revelaron sus anhelos de conexión, intimidad y libertad. Para estos hombres y mujeres, la resiliencia a la vergüenza sexual se desarrollaba, y se sigue desarrollando, con el tiempo y en relación con los demás. Ha sido en conexión con ellos mismos, con sus parejas, con sus comunidades y con su Dios como han llegado a experimentar su sexualidad de forma diferente. En ellos y en sus relaciones nacieron los tan anhelados mensajes vivificantes sobre la sexualidad. Ahora hay momentos en los que están totalmente desnudos y vulnerables, y ya no sienten la necesidad de esconderse.

4. Deborah L. Tolman, Christin P. Bowman y Breanne Fahs. «Sexuality and embodiment», en *APA Handbook of Sexuality and Psychology*, eds. Deborah Tolman, Lisa Diamond, Jose Bauermeister, William George, James Pfau y Monique Ward (Washington, DC: American Psychological Association, 2014), 759-804.

5. Judith Lewis Herman, «Shattered Shame States and Their Repair», en *Shattered States: Disorganised Attachment and its Repair*, eds. Kate White y Judy Yellin (Londres: Karnac Books, 2011), 157-170.

6. John Bradshaw, *Healing the Shame that Binds You: Recovery Classics Edition* (Deerfield Beach: Health Communications, 2005), 80.

7. Brené Brown, "Shame Resilience Theory: A Grounded Theory on Women and Shame," *Families in Society* 87, n.º 1 (2006): 43-52, 45.

8. Brown, "Shame Resilience."

9. Rachel Held Evans, *Un año de feminidad bíblica* (Nashville: Thomas Nelson, 2012), 7.

10. Judith Daniluk, «The Meaning and Experience of Female Sexuality», *Psychology of Women Quarterly* 17, (1993): 53-69.

11. James Wittstock, Ralph Piedmont y Ciarrocchi, Joseph, «Developing a Scale to Measure the Integration of Sexuality and Spirituality» (manuscrito inédito, 2007).

12. Brown "Shame Resilience."

13. Ibidem

14. Tina Schermer Sellers, "Beloved Sex: Healing Shame and Restoring the Sacred in Sexuality», en *Sex, Gender, and Christianity,*

eds. Priscilla Pope-Levison y John R. Levison (Eugene: Wipf and Stock Publishers, 2012), 218-235.

15. Herman, "Shattered Shame States".

16. Brené Brown, *The Gifts of Imperfection: Let Go of Who You Think You're Supposed to Be and Embrace Who You Are* (Centre City: Hazelden Publishing, 2010).

17. Ibidem, 19

18. Kelly Murray, Joseph Ciarrocchi y Nichole Murray-Swank, "Spirituality, Religiosity, Shame and Guilt as Predictors of Sexual Attitudes and Experiences," *Journal of Psychology and Theology* 35 (2007): 222-234.

19. Judith C. Daniluk y Nicolle Browne, "Traditional Religious Doctrine and Women's Sexuality: Reconciling the Contradictions," *Women & Therapy* 31, n.º 1 (2008): 129-142.

20. Krystal M. Hernandez, Annette Mahoney y Kenneth I. Pargament, "Sanctification of Sexuality: Implications for Newlyweds' Marital and Sexual Quality," *Journal of Family Psychology* 25, n.º 5 (2011): 775-780.

21. Chuck M. MacKnee, "Profound Sexual and Spiritual Encounters Among Practicing Christians: A Phenomenological Analysis," *Revista de psicología y teología* 30, n.º 3 (2002): 234-244.

22. Ibidem, 234-244, 241.

Capítulo 7: ¿Qué pasa con la jefatura?

1. Por ejemplo, Jerónimo a propósito de Ef. 5:21: «Que oigan estas palabras los obispos, que las oigan los presbíteros, que las oiga todo orden de maestros, para que se sometan a los que se someten a sí mismos». PL 26: 654; R. Heine, ed. *The Commentaries of Origen and Jerome on St Paul's Epistle to the Ephesians* (Oxford: Oxford University Press, 2002) 232. 1 Clemente 37:5–38:1, ca. 96 d.C., afirma que todos los miembros «están unidos en un sometimiento común . . . que cada uno esté sometido a su prójimo». Policarpo (ca.AD 70-155), A los Filipenses 10.2 y Teodoreto, Commentarius in omnes B. Pauli Epistolas, 2:33, afirman que «debemos estar sometidos los unos a los otros» El Papa Juan Pablo II escribe en Mulieris Dignitatem («Sobre la dignidad de las mujeres») n. 24, «en la relación marido-mujer la «sumisión» no es unilateral, sino recíproca».

2. Jerónimo cita sin crítica la interpretación patrística de que, según Ef 5,21, «los maridos deben estar sometidos a sus mujeres según el deber que se les ha ordenado». PL 26: 654; Heine, Origen and Jerome, 232. Orígenes, (Heine 231–232): «Ef. 5:21 Subordinados unos a otros por el santo temor de Cristo. Esto destruye por completo todo deseo de gobernar y ser los primeros».

Crisóstomo, Homilía XIX sobre Efesios, Padres nicenos y postnicenos, Serie 1, en adelante NPNF1, 13:142, «sería mejor que tanto los amos como los esclavos fueran siervos los unos de los otros. . . sométete; no te rindas simplemente, sino sométete. Ten este sentimiento hacia todos, como si todos fueran tus amos». Cf. Homilía X, «'someteos los unos a los otros en el temor de Cristo'; - si además mando a la mujer que tema y reverencie a su marido, aunque sea su igual; mucho más debo hablar así al siervo».

3. Incluyendo NA28, NA27, UBS5, UBS4, Nestle, Westcott y Hort, Tasker, Souter, Alford, Tischendorf, y Goodrich y Lukaszewski (2003), siguiendo 𝔓46, Codex Vaticanus B, Clemente de Alejandría (Stromata 4.8.64), Orígenes, Teodoro de Mopsuestia, y el comentario y la afirmación de Jerónimo de que en los manuscritos griegos el versículo 22 nunca repite el verbo «someterse» del versículo 21. J. Armitage Robinson cita la declaración de Jerónimo: "subditae sint of the Latin 'in Graecis codicibus non habitur'" en *Epístola de San Pablo a los Efesios* (London: James Clarke, n.d.) 301. Después de que «someterse» apareciera por primera vez en el Codex Sinaiticus ca. 350-360 d.C., todos los manuscritos conservados del Nuevo Testamento incluyen «someterse» en 5:22. Dado que ninguno de los miles de manuscritos del Nuevo Testamento posteriores al 350 d.C. lo eliminó, no se puede explicar razonablemente por qué todos los primeros manuscritos y citas de este versículo omiten «someter». En consecuencia, «someterse» no debe haber estado en la carta original de Pablo. Además, «someterse» aparece en algunos manuscritos después de «esposas», pero en otros después de «maridos» y en segunda («ustedes») o tercera persona («ellos»). Este tipo de diferencias en la ubicación de las palabras y en la forma gramatical son típicas de adiciones posteriores. Algunas traducciones incluso colocan el sujeto y el objeto del versículo 22 en un párrafo separado del verbo de la frase, que está en el versículo 21. Esto desafía la razón y es contrario al texto en todas las ediciones importantes del Nuevo Testamento griego. Incluso algunos destacados defensores del liderazgo masculino exclusivo, coinciden en que esta frase vincula la sumisión de

las esposas a los maridos con el principio de sumisión mutua (George
W. Knight III, «Husbands and Wives as Analogues of Christ and the
Church Ephesians 5:21-33 and Colossians 3:18-19» en *Recovering
Biblical Manhood and Womanhood: A Response to Evangelical Feminism*,
ed. por John Piper y Wayne Grudem (Wheaton, Ill.: Crossway, 1991),
165-167 y 492 n. 1; James B. Hurley, *Man and Woman in Biblical
Perspective* (Grand Rapids: Zondervan, 1981) 139–141.) Debido a que
los versículos 21-22 forman parte de la misma frase, Pablo no necesitó
repetir «someterse» en el versículo 22. «Someterse» se supone a partir del
versículo 21.

4. Esta simetría es directamente paralela a las declaraciones de Jesús
sobre el divorcio de un hombre o una mujer registradas en Mc 10,9-12
y utiliza el mismo verbo (*chōrizō*). Esto y «no el Señor» en el v. 12,
confirma que Pablo está citando a Jesús tal como lo hace en sus otras
citas explícitas de Jesús, por ejemplo, 1Co 9:14; 11:23-25; 1Th 4:15-17.

5. Richard B. Hays, *First Corinthians* (IBC; Louisville, KY: John
Knox, 1997), 120 afirma, «no hay diferencia en el efecto legal o práctico
de la acción: la distinción moderna entre 'separación' y 'divorcio' no se
contempla aquí, y la formulación de Pablo en el versículo 13 reconoce el
derecho legal de la mujer a divorciarse de su marido, aunque insta a las
mujeres cristianas a no ejercerlo».

6. Cf. Marion L. Soards, *1 Corinthians* (NIBCNT; Peabody, MA:
Hendrickson, 1999), 139.

7. Hays, *First Corinthians*, 131.

8. BDAG 783 1.d.β col 2.

9. BDAG 905.

10. Marcus Barth, *Ephesians* (Garden City, NY: Doubleday, 1974)
2: 618.

11. Henry George Liddell, Robert Scott, Henry Stuart Jones,
Roderick McKenzie, *A Greek-English Lexicon With a Supplement* (Oxford:
Clarendon Press, 1968) 945.

12. Tampoco sus suplementos de E. A. Barber, *Supplement* (1968)
83, R. Renehan, *Greek Lexicographical Notes: A Critical Supplement
to the Greek-English Lexicon of Liddell-Scott-Jones* (Hypomnemata 45;
Göttingen: Vandenhoeck & Ruprecht, 1975) 120, o P. G. W. Glare con
la asistencia de A. A. Thompson, *Revised Supplement* (1996) 175–176.

13. Incluye los diccionarios de Moulton y Milligan, Friedrich
Preisigke, Pierre Chantraine, S. C. Woodhouse y trece diccionarios

más que Richard S. Cervin cita en "Does Κεφαλή mean 'Source' or 'Authority Over' in Greek Literature? A Rebuttal," *Trinity Journal* 10 NS (1989): 85–112, 86–87.

14. Artículo de Heinrich Schlier sobre *kephalē* en *Theological Dictionary of the New Testament* (Grand Rapids: Eerdmans, 1965) 3:674.

15. El número 171 no incluye los casos en los que *kephalē* significa «primero» en secuencia (1Cr 12:9; 23:8, 11, 19, 20; 24:21; 26:10 dos veces, todos traducidos como «primero» en la NASB) o espacialmente «superior» (por ejemplo, Jdg 16:3 NASB).

16. La razón por la que este número no es mayor es que algunas expresiones hebreas que usan «cabeza» con el significado de «líder» no son expresiones naturales en español, como «sacerdote principal», que la NASB traduce «sumo sacerdote».

17. El único ejemplo claro es Isa 7:9b, «la cabeza de Samaria es el hijo de Remalía». En cada uno de los otros supuestos casos, el texto estándar de los LXX o bien no tradujo «cabeza» *kephalē,* o bien *kephalē* no se utiliza claramente como una metáfora que significa «líder». Alfred Rahlfs, *Septuaginta* (Stuttgart: Würtembergische Bibelanstalt) 2:574 identifica «La cabeza de Damasco es Rasim» como algo que no está en los LXX, sino que fue añadido a Isa 7:8a por Orígenes en el siglo III d.C., mucho después de Pablo. En consecuencia, no podía influir en cómo Pablo o sus lectores entendían «cabeza». Isa 7:8-9 utiliza *kephalē* dos veces para significar «ciudad capital», pero las ciudades no son líderes ni tienen autoridad. La LXX explica cuatro referencias a modismos «cabeza-cola» para significar cosas distintas de «líder»: «arriba y abajo» (Dt 28:13), «alto y bajo» (Dt 28:43–44), «grande y pequeño» (Is 9:143) o «principio y fin» (Is 19:15). En Isa 9:143 LXX «grande y pequeño,» reemplaza al hebreo, «rama de palma y caña». «Cabeza» no debe significar «líder» en Isa 9:143 ya que el v. 154 explica que la «cabeza» es «el viejo y los aduladores», y «la cola» son «los profetas mentirosos». Isa 9:154 no traduce el hebreo «cabeza» con *kephalē* sino con *archē*, que aquí significa «principio» Los viejos y los aduladores son el principio de los que el Señor aparta de Israel junto con los profetas mentirosos. Con el fin de preservar el contraste original hebreo entre «cabeza» y «cola», estos cuatro difícilmente podrían traducirse sin *kephalē*. Wayne Grudem, "The Meaning of *Kephalē* ('Head'): A Response to Recent Studies», Apéndice 1 de *Biblical Manhood and Womanhood*, 425-468, 441-442, alega otra ocurrencia, 3 Reinos (1 Re) 8:1, aparentemente sin saber que Rahlfs LXX

1:646 también la identifica como añadida por Orígenes (m. ca. 254).

En cualquier caso, «cabezas» en 1 Re 8:1 significa «puntas», no «líderes»: «Salomón reunió a todos los ancianos de Israel con todas las puntas (kephalas) de los báculos de los padres de los hijos de Israel alzadas ante el rey Salomón» El término para báculos se refiere a báculos reales, incluso cuando el báculo es un bastón de oficio o cetro (LSJ 1562). Grudem apela a BDB 641, pero los LXX traducen todas las referencias a «tribu» con una palabra diferente, phulē. La traducción de Grudem «tribus» no tiene sentido aquí: «con todas las cabezas de las tribus de los padres de los hijos de Israel levantadas».

18. Peter Walters, *The Text of the Septuagint: Its Corruptions and Their Emendations,* ed. D. W. Gooding (Cambridge: Cambridge Univ. Press, 1973), 143.

19. En otros cuatro pasajes, la traducción estándar de los LXX es *eis kephalēn.* El único equivalente en español de *eis kephalēn* que encaja de forma natural en estos contextos es «como cabeza» Ninguno de los otros equivalentes en español para *eis* que enumera BDAG 288-291 suena natural en estos pasajes: «en, dentro, hacia, a, hasta, sobre, para, a lo largo de, hasta, a fin de, con respecto a, con referencia a, por, con o ante». Los cuatro son: Jue 11:11; 2 Reinos (= 2Sa) 22:44; Sal 17:44 = 18:44 en hebreo = 18:43 en español; La 1:5. Además de estas, tres variantes de lectura de «como cabeza» (*eis kephalēn*), que significa «como líder», se dan en un solo manuscrito, el Codex Alexandrinus. Las tres aparecen en un único lapso de diez versículos, Jue 10:18; 11:8, 9. Es casi seguro que un solo escriba tradujo estas tres variantes. Este escriba eligió la traducción más literal, tal vez influido por «como cabeza» en Jue 11:11. Estas tres no deben considerarse parte del texto de los LXX, ya que no se encuentran en los textos más antiguos y estándar de los LXX. Cada uno de estos tres versículos en el Codex Vaticanus y el Codex Sinaiticus (en 10:18; su texto superviviente llega solo hasta 11:2) tiene «gobernante» (*archonta*) en lugar de «cabeza» (*kephalē*). Puesto que «cabeza» es el equivalente más obvio para la palabra hebrea «cabeza», «gobernante» en Vaticanus y Sinaiticus muestra que el traductor o los traductores de sus textos consideraron que «gobernante» era una traducción más apropiada que «cabeza» cuando «cabeza» en hebreo transmitía «líder».

«Como» (*eis*) en cada uno de estos casos traduce una letra del alfabeto hebreo llamada «lamed» prefijada a «cabeza». En los cuatro casos, John R. Kohlenberger III, ed. *NIV Interlinear Hebrew-English Old Testament* (4 vols.; Grand Rapids: Zondervan, 1982) traduce el lamed «como», cf. BDB 512 II.2 e.

H. E. Dana y Julius R. Mantey, *A Manual Grammar of the Greek New Testament* (Toronto: Macmillan, 1957) 103 identifica *eis* que significa «como, expresando equivalencia», citando pasajes como Heb 1:5 «como un hijo» y «como un padre», Mc 10: 8 «como una sola carne», y Hch 7,53 «como entregados por los ángeles»). Nigel Turner cita *eis* que significa «como el griego normal *hōs*», por ejemplo Mt 21:46 «como un profeta» en *A Grammar of New Testament Greek. Vol. III Syntax*, ed. James Hope Moulton (Edimburgo: T&T Clark, 1963) 247. BDAG 290 4.d cita «como testigo» en Stg 5:3, «como siervos» en Heb 1:14, y «las lenguas son como una señal» en 1Co14:22. BAG 229-230 4.d. y 8.b. citan «como su propio hijo» en Hch 7:21 y «como luz para los gentiles» en Hch 13:47.

A la luz de la inclusión de «como»*(eis)* y toda la evidencia de que «líder» no era un significado estándar de *kephalē,* la mayoría de los lectores griegos de los LXX probablemente entendieron cada una de estas cuatro referencias a *eis kephalēn* como un símil «como cabeza», y no una metáfora, «es cabeza». O bien las entenderían como comparaciones con una cabeza literal o interpretarían «cabeza» con un significado griego estándar para «cabeza» que se ajuste al contexto, como «cima», «parte más noble» o «fuente» (cf. LSJ 945; Philip B. Payne, *Man and Woman, One in Christ: An Exegetical and Theological Study of Paul's Letters* (Grand Rapids: Zondervan, 2009)123–137, 283–290) de algo. La presencia de *eis* hace que estos cuatro pasajes se lean mucho más suavemente para los lectores griegos que no asociaban naturalmente «cabeza» con «líder». La traducción al inglés de KJV, ASV y *The Septuagint Version of the Old Testament with an English Translation* (Grand Rapids: Zondervan, 1970), 333, 436, 708, 972 simplemente omite la preposición en estos cuatro pasajes de *eis kephalēn*, como hacen RSV, NIV, NRSV y ESV en todos los casos menos uno, porque en inglés, a diferencia del griego, «head» por sí mismo suele transmitir líder.

20. Pablo usa la aposición dos veces aquí, primero para definir «el cuerpo» como «la iglesia», y segundo, para definir «la cabeza» como «la fuente» identificando «él es la cabeza» con «quien es la fuente».

21. A. T. Robertson, *A Grammar of the Greek New Testament in the Light of Historical Research* (Nashville: Broadman, 1934), 399 identifica

esto como «aposición enfática, ya que la construcción gramatical de cada una de las cuatro partes de las expresiones paralelas coincide exactamente»:

1. sujeto nominativo singular (Cristo = él)
2. predicado nominativo singular sustantivo que describe al sujeto («salvador» explica «cabeza»)
3. artículo genitivo singular («del» = «del»)
4. sustantivo genitivo singular que identifica lo que Cristo salva («la Iglesia» = «el cuerpo»)»

22. Por ejemplo, la Biblia ASV, NASB, CEB, AMP, AMPC, DLNT, NABRE, NET, OJB, TLV y WEB.

23. Pablo ni siquiera utiliza la palabra «salvador» en sus cartas anteriores, Gál, 1-2 Tom, 1-2Co y Ro, por lo que es especulativo interpretar «salvador» como un título en Ef 5. La NVI inserta «el» antes de «esposo», «cabeza» y «Salvador», aunque ninguno de ellos lleva artículo en el griego.

24. Barth, *Ephesians*, 1:184; Gregory W. Dawes, *The Body in Question: Meaning and Metaphor in the Interpretation of Ephesians 5:21–33* (Leiden: Brill, 1998), 147, sostiene que «cabeza» en 4:15 es una metáfora de «fuente de vida y crecimiento del cuerpo».

25. Cf. BDAG 296-297, ἐκ 3, «que denota origen, causa, motivo, razón . . . fuente de la que fluye o procede algo».

26. 1 Corintios 11:3 (3x), 4, 5; Efesios 4:15; 5:23; Colosenses 1:18; 2:19. Véase Payne, Man and Woman, 115–139, 271–290.

27. El contexto de Ef 1:22 («muy por encima . . . superior») apoya el significado «cima». «Cima» o «corona» también se ajusta a la redacción paralela de Col 2:10.

28. «¿Y quién soportará esto?» *Hom. in ep. 1 ad Cor.* 26.3 in NPNF1, 12:150.

Capítulo 8: ¿Qué pasa con abuso doméstico?

1. Datos sobre la violencia doméstica y el abuso sexual», Coalición Nacional contra la Violencia Doméstica, 2015, https://www.ncadv.org /files/Domestic%20Violence%20and%20Sexual%20Abuse%20NCADV .pdf.

2. «Violencia doméstica», Departamento de Justicia de Estados Unidos, modificado por última vez el 16 de junio de 2017, https://www .justice.gov/ovw/domestic-violence.

3. «Informe del grupo de trabajo nacional del fiscal general sobre niños expuestos a la violencia», Departamento de Justicia de Estados Unidos, 12 de diciembre de 2012, https://www.justice.gov /defendingchildhood/cev-rpt-full.pdf.

4. «Estadísticas», Coalición Nacional contra la Violencia Doméstica, https://www.ncadv.org/learn-more/statistics

5. Ericka Kimball, «Edleson Revisited: Reviewing Children's Witnessing of Domestic Violence 15 Years Later», *Journal of Family Violence* (noviembre de 2015), https://www.researchgate.net/ publication/284803972_Edleson_Revisited_Reviewing_Children%27s_ Witnessing_of_Domestic_Violence_15_Years_Later.

Capítulo 9: ¿Qué pasa con el divorcio?

1. Estos debates se recogen en Mishnah Gittin 9.10; Sifré Deut.269; Talmud de Jerusalén Sotah 1.1, 1a.

2. Como se ve por el malentendido de la enseñanza shamaíta por R. Yose b. Zabida en el Talmud de Jerusalén Sotah 1.1, 1a.

3. Mishnah Gittin 9.10.

4. Mishnah Ketuvot 5.5,8.

5. Mishnah Ketuvot 5.6

6. David Instone-Brewer, "Jewish Women Divorcing Their Husbands in Early Judaism: The Background to Papyrus Se'elim 13," *Harvard Theological Review* 92 (1999): 349-57.

7. Legalmente, la negligencia se consideraba un delito menor porque estaba incluida en la ley de abandono. No dar suficiente comida o ropa se consideraba una ofensa menor que no dar nada.

Apéndice: Antecedentes intertestamentarios de las visiones judías y cristianas primitivas sobre la mujer

1. Traducciones de R. H. Charles, ed., *The Apocrypha and Pseudepigrapha of the Old Testament: The Apocrypha*, Vol I (Oxford: The Clarendon Press, 1913; reimpresión de 1969)

2. Charles, *Pseudepigrapha*, Vol. II. (3. 2 y 32.1).

3. Craig S. Keener, *Paul, Women and Wives: Marriage and Women's Ministry in the Letters of Paul* (Peabody, Mass: Hendrickson Publishers, 1992), documenta esta tradición rabínica a lo largo de su estudio (por ejemplo, pp. 83-84 y notas.

4. Véase *Questions and Answers on Genesis*. Suplemento I. Loeb Classical Library (Cambridge: Harvard University Press, 1937).

5. *Jewish Antiquities* 4.8.15, par. 219 en Loeb Classical Library

6. Pablo refleja esta fórmula en Gal 3,28. Véase Leon Morris, *Galatians. Paul's Charter of Christian* Freedom (Downers Grove, IL: InterVarsity Press, 1996), p. 121, y F. F. Bruce, *The Epistle to the Galatians: A Commentary on the Greek* Text (Grand Rapids, MI: Eerdmans, 1982), p. 187, que cita tanto las fuentes rabínicas para esta triple fórmula de estructura superior social, racial y de género, como formulaciones similares en la literatura griega.

7. Véase Frank y Evelyn Stagg, *Women in the World of Jesus* (Filadelfia, PA: Westminster Press, 1978), y Joachim Jeremias, *Jerusalem in the Time of Jesus: An Investigation into Economic and Social Conditions During the New Testament Period* (Filadelfia, PA: Augsburg Fortress, 1979).

8. Charles, *Pseudepigrapha*, Vol. II.

9. Andrew Louth, ed., *Génesis1-11. Ancient Christian Commentary on Scripture. Old Testament I* (Downers Grove, IL: InterVarsity Press, 2001), p. 78.

10. Ibidem, p. 68.

11. Gerald Bray, ed., *1-2 Corinthians*. Ancient Christian Commentary on the Scripture. Nuevo Testamento, Vol. VII (Downers Grove, IL: InterVarsity Press, 1999), p. 105

12. Ibidem, p. 107

13. Ibidem, p. 109

Acerca de los colaboradores

El **Dr. Manfred T. Brauch** es autor de numerosos ensayos en revistas cristianas de divulgación y académicas, así como de varios libros, entre ellos *Hard Sayings of Paul* y *Abusing Scripture: The Consequences of Misreading the Bible*. Tras su jubilación de la Eastern Baptist Theological, Manfred y su esposa, Marjean, se han dedicado al voluntariado en misiones médicas y a promover la educación teológica/bíblica.

El **Reverendo Dr. David Instone-Brewer** es investigador principal de Rabínica y Nuevo Testamento en Tyndale House, Cambridge. Sus intereses académicos se centran en el trasfondo judío y el texto griego/hebreo de la Biblia. Mantiene la cordura gracias a su mujer, sus dos hijas, y a ver películas de bajo presupuesto.

Janelle Kwee es psicóloga titulada (BC y WA, EE. UU.), y desde 2006 participa activamente en la formación y tutoría de futuros psicólogos y psicoterapeutas a través de su posición como profesora universitaria en programas profesionales de posgrado en el Wheaton College y en la

Trinity Western University. Está casada con el Dr. Alex Kwee y tiene dos hijos maravillosos. Le gusta viajar y pasar tiempo con la familia.

Hillary McBride, MA, RCC, es una terapeuta que trabaja en la práctica privada en Vancouver, BC. Es doctora en Psicología del Asesoramiento por la Universidad de Columbia Británica. Da charlas y realiza talleres con regularidad sobre la intersección de la salud mental y la espiritualidad, la sexualidad femenina, la terapia sexual, y la psicología feminista. En 2017 publicó un libro titulado *Mothers, Daughters, and Body Image: Learning to Love Ourselves as We Are*.

La **Dra. Nancy Murphy** es directora ejecutiva del Northwest Family Life Learning and Counseling Center (NWFL) desde 1994. Con sede en Seattle, Washington, NWFL es una organización religiosa sin ánimo de lucro dedicada a ayudar a personas y familias a encontrar esperanza y sanación cuando enfrentan el dolor de la violencia doméstica, traumas, y otros problemas relacionados. Es profesora adjunta en la Escuela de Teología y Psicología de Seattle.

El **Dr. David M. Nelson** es catedrático de Economía en la Western Washington University. David ayudó a crear el Foro de la Facultad Cristiana de la Western Washington University para apoyar, animar, y equipar a los profesores cristianos para que cumplan mejor sus funciones como seguidores de Cristo y como profesores universitarios. Él y su esposa Lynne llevan casados más de cuarenta años y tienen cuatro hijos, cuatro nietos, y han apadrinado a muchos niños de países en vías de desarrollo.

Lynne Nelson es licenciada en Psicología por la Universidad de Oregon y tiene un máster por parte de la Trinity Western University. Es asesora de salud mental licenciada con consultorio privado en Bellingham, Washington, donde muestra una pasión por ayudar a los demás caminando junto a ellos en su viaje, a medida que buscan el crecimiento y la autenticidad. Lynne y su marido, Dave, llevan casados más de 40 años. Disfrutan el tiempo con sus cuatro hijos adultos y sus cuatro nietos. Otras de sus aficiones son la lectura, los viajes, el senderismo, y la natación.

Philip Barton Payne es doctor en Nuevo Testamento por la Universidad de Cambridge. Es conocido por sus estudios sobre crítica textual del Nuevo Testamento, las parábolas de Jesús, y el hombre y la mujer en las cartas de Pablo; especialmente en su libro *Man and Woman, One in Christ*. Phil y su esposa Nancy tienen tres hijos casados y cinco nietos. Todos aman al Señor.

Kelsey Siemens estudió en la Trinity Western University, donde obtuvo un máster en Psicología del Asesoramiento. Actualmente ejerce como asesora clínica registrada en un consultorio privado en Langley, BC, Canadá, especializado en sexualidad y trauma.

www.ingramcontent.com/pod-product-compliance
Lightning Source LLC
Chambersburg PA
CBHW071318090426
42738CB00012B/2726